贵州省社会科学院甲秀文库

奋进高质量发展新征程

贵州围绕"四新"主攻"四化"年度报告

2023

主编 黄朝椿 张学立

中央民族大学出版社
China Minzu University Press

图书在版编目（CIP）数据

奋进高质量发展新征程：贵州围绕"四新"主攻"四化"年度报告．2023／黄朝椿，张学立主编．--北京：中央民族大学出版社，2025.1．--ISBN 978-7-5660-2431-2

Ⅰ．D677.3

中国国家版本馆 CIP 数据核字第 2024TJ6101 号

奋进高质量发展新征程：贵州围绕"四新"主攻"四化"年度报告（2023）

主　　编	黄朝椿　张学立
策划编辑	舒　松
责任编辑	舒　松
封面设计	舒刚卫
出版发行	中央民族大学出版社
	北京市海淀区中关村南大街 27 号　邮编：100081
	电话：（010）68472815（发行部）　传真：（010）68932751（发行部）
	（010）68932218（总编室）　　　　（010）68932447（办公室）
经 销 者	全国各地新华书店
印 刷 厂	北京鑫宇图源印刷科技有限公司
开　　本	787×1092　　1/16　　印张：12
字　　数	190 千字
版　　次	2025 年 1 月第 1 版　2025 年 1 月第 1 次印刷
书　　号	ISBN 978-7-5660-2431-2
定　　价	88.00 元

版权所有　翻印必究

本书受贵州省哲学社会科学创新工程和
贵州省国家治理体系和治理能力现代化
地方实践高端智库资助出版

奋进高质量发展新征程：贵州围绕"四新"主攻"四化"年度报告（2023）编辑委员会

主　　任：黄朝椿　张学立

副主任：黄　勇　赵　普　索晓霞　陈应武　谢忠文

成　　员：周小游　赵　薇　李　黎　王洪勇　李　丽
　　　　　邓仕雄　袁世泽　李灵松　岑大明　许　峰
　　　　　陈加友　白雪冰　戈　弋　贾梦嫣　秦治遥

目　录

奋进高质量发展新征程
　　——2023年贵州围绕"四新"主攻"四化"年度总报告 ………… 1

四轮驱动强省会
　　——2023年贵阳贵安围绕"四新"主攻"四化"报告 ………… 49

红色之城绘新卷
　　——2023年遵义围绕"四新"主攻"四化"报告 ………………… 61

幸福凉都谱新篇
　　——2023年六盘水围绕"四新"主攻"四化"报告 ……………… 78

最美瀑乡大作为
　　——2023年安顺围绕"四新"主攻"四化"报告 ………………… 94

花海鹤乡焕新颜
　　——2023年毕节围绕"四新"主攻"四化"报告 ……………… 110

武陵之都提新质
　　——2023年铜仁围绕"四新"主攻"四化"报告 ……………… 124

苗侗大地爆出圈
　　——2023年黔东南围绕"四新"主攻"四化"报告 …………… 141

山水黔南展新貌
　　——2023年黔南围绕"四新"主攻"四化"报告 ……………… 158

水墨金州创新绩
　　——2023年黔西南围绕"四新"主攻"四化"报告 …………… 174

奋进高质量发展新征程

——2023年贵州围绕"四新"主攻"四化"年度总报告

实现高质量发展，是习近平总书记对贵州的明确要求。

2023年，贵州牢记习近平总书记的嘱托、怀着感恩之心继续奋进，召开省委十三届三次全会，号召全省坚定不移地沿着习近平总书记指引的方向前进，奋力谱写中国式现代化贵州实践新篇章。一年来，省委、省政府团结带领全省干部群众，深入学习贯彻党的二十大精神和习近平新时代中

2023年全省项目观摩暨"四新""四化"重大项目建设推进大会

（图源：《贵州日报》）

国特色社会主义思想，深入落实国发〔2022〕2 号文件，坚持主战略主定位，坚持把高质量发展作为新时代的硬道理，作为推进中国式现代化贵州实践的首要任务，完整、准确、全面贯彻新发展理念，坚持稳中求进工作总基调，围绕"四新"主攻"四化"，在主动服务国家战略中做出贵州贡献、在积极融入国家战略中实现贵州发展，全省经济呈现逐季向好、结构优化、质效提升的良好态势，不断夯实贵州高质量发展的基础，奋力谱写中国式现代化贵州实践新篇章。

一、2023 年，实现"四新"目标取得新进展

贵州全省上下团结一心，开展学习贯彻习近平新时代中国特色社会主义思想主题教育，以调研式推进重点工作，深挖发展潜能、释放发展动能、提升发展效能，推动贵州在高质量发展新征程中迈出坚实步伐。

（一）体制机制创新引领高质量发展新路

2023 年，贵州坚定不移主动服务和积极融入国家战略，以一系列重大政策、重大改革、重大工程、重大项目落地见效赋能闯新路，中国式现代化贵州实践在开局之年展现出磅礴之势。

以重点改革赋能闯新路。立足国有企业持续健康发展需要，成功完成对贵州习酒集团、贵州能源集团、贵州民航集团、贵州建投集团组建工作；推动贵州省黔晟国有资产经营有限责任公司和贵州银行、贵阳银行等 11 家金融机构签订战略合作协议；推动云上贵州大数据集团投资重整贵阳大数据交易所，省级经营性国有资产集中统一监管比例达 99.5%，2023 年 22 户省重点监管企业收入利润增长 21.1%，省国资委监管企业利润总额增长 15.8%。持续深化"放管服"改革，深入实施服务民营经济"六大专项行动"，建成运营"企业之家"，出台商会轮值制度（试行）。"一窗通办'2+2'模式"改革全面落地实施，基本建成全省统一公共资源交易"一张网"，网上政务服务能力连续七年位居全国前列。随着《贵州省社会信用条例》2023 年 1 月 1 日起正式施行，全社会诚信意识和社会信用水平不断提升。两年来引进优强企业 3287 家，全省经营主体总量达 457.7 万户，其中企业 111.02 万户。

南明区政务服务大厅"小南政务专员"指导企业人员自主办理业务

(图源:《贵州日报》 赵松摄)

以加快创新赋能闯新路。以建设数字经济发展创新区为抓手,围绕具备贵州特色和优势的现代产业体系寻找探索发展突破点,加快实施"东数西算"工程,作为全球集聚大型和超大型数据中心最多的地区之一,现有投运及在建大型超大型数据中心已达23个,经权威机构测评综合算力指数排名达全国第9位、西部地区第2位。贵州数字经济占地区生产总值比重提高至42%左右,数字经济发展增速连续8年位居全国前茅。工业投资结构不断优化,高技术产业、新能源电池材料产业、航空航天装备制造业投资均保持两位数增长。宁德时代(贵州)新能源动力及储能电池生产制造基地建成投产,一期工程投资70亿元,按"灯塔+零碳工厂"高标准设计,基地配套先进的高节拍、高自动化、高柔性化产线,设计年产能为30 GWh动力及储能电池,预计达产后将实现年产值150亿元。目前,贵州高新技术企业数量近2000家,区域创新能力提升至全国第18位。

以扩大开放赋能闯新路。加快推进开放平台建设,促进开放硬件提质升级,确保开放通道更加畅通。2023年贵南铁路建成投运、贵广铁路完成

贵阳万江航空机电有限公司生产线（图源：《贵州日报》）

提质改造、黄百铁路开工建设，贵州省内高铁通车里程已达1808公里，实现贵阳与周边省会城市高铁直连全覆盖。高速公路出省通道27个，通车里程达8784公里，位居全国第四。威宁机场主体完工，黔北机场、盘州机场建设加快。水运取得历史性突破，便捷交通助力开放型经济发展水平不断提升。以中亚班列（贵州）、"云贵·澜湄线"国际货运专列首发为标志，从此，贵州的班列通道北接欧亚大陆、西接RCEP（区域全面经济伙伴关系协定）成员国和东盟、南接广西北部湾出海口、东接珠三角与粤港澳大湾区，初步构建了"东南西北、四向衔接"立体开放新格局。持续推动"通道经济"向"口岸经济"转型升级。随着贵阳国际陆港、贵州"一局四中心"开放口岸的建设完善，三大综保区成为开放创新前沿阵地。2023年1月至10月，贵州省三个综保区合计进出口149.7亿元，占贵州省进出口总值的28.1%。其中，贵阳综保区陆续获批国家跨境电商综试区核心区、国家加工贸易产业园、服务贸易创新发展试点、国家进口贸易促进创新示范区。

奋进高质量发展新征程
——贵州围绕「四新」主攻「四化」年度报告（2023）

贵阳南车站货运场（图源：《贵州日报》）

（二）稳中向好书写"三农"画卷新篇章

过去，书写中国减贫奇迹的贵州篇章向世人展现了贵州力量。今天，推动乡村振兴开新局中的贵州正在讲好欣欣向荣的"贵州故事"。

以巩固脱贫攻坚成果开新局。 为实现以高质量发展统揽全局，有效衔接推进乡村振兴开新局，必须持续巩固拓展脱贫攻坚成果。贵州深入实施巩固拓展脱贫攻坚成果"六个专项行动"，精准把脉定位困难问题，加快补齐短板弱项。"3+1"保障问题保持动态清零，易地搬迁有劳动力家庭就业率达96.07%，基本完成全省人均纯收入1万元以下脱贫人口清零目标，盘活闲置低效扶贫项目1437个，出台政策措施推动大型易地扶贫搬迁安置区融入新型城镇，牢牢守住了不发生规模性返贫底线，脱贫攻坚成果得到持续巩固提升，进一步完善和加强防止返贫监测和精准帮扶。

以汇聚多方振兴合力开新局。 贵州全省上下齐心协力，多方助力乡村振兴，实现中央和省直单位定点帮扶乡村振兴重点帮扶县全覆盖，全省已下达2023年中央和省级财政衔接推进乡村振兴补助资金140.78亿元，共实施衔接资金项目9598个，已完工1167个。深入推进粤黔东西部协作和定点帮扶工作，粤黔两省之间建立了更加紧密的结对帮扶关系，广东省对

奋进高质量发展新征程
——贵州围绕「四新」主攻「四化」年度报告（2023）

三穗县台烈镇境内的高速公路与远处的群山、错落有致的村庄、田园、河流相映成景

（图源：贵州图片库　章洲摄）

口帮扶贵州省，这是首次一省帮扶一省，双方共同制定了《"十四五"时期粤黔东西部协作协议》，编制《贵州省东西部协作"十四五"规划》，两省人民政府印发了《关于建立粤黔两省更加紧密的结对帮扶关系的实施意见》。广东省组织广州、佛山、东莞、珠海、惠州、中山6个市84个县（市、区、镇街）结对帮扶我省除了贵阳贵安外的8个市州66个脱贫县（市、区），选派220余名帮扶干部到贵州开展为期三年的帮扶工作，动员1212所学校、328家医院、323个经济强镇（街道）结对帮扶贵州的1418所学校、375家医院、351个乡镇（街道）；552个经济强村（社区）、1244家企业、408个社会组织结对帮扶我省2774个村（社区），现已构建起政府、社会、市场三位一体协同，粤黔东西部协作的大格局。截至2023年12月，贵州共获得广东帮扶资金共104.32亿元，实施帮扶项目5128个，通过粤黔协作模式新增引导1690家企业到贵州投资，共建粤黔产业园区99个，打造乡村振兴示范村422个，采购和帮助销售贵州农副产品达到了580亿元，吸纳贵州脱贫劳动力就业65.88万人。

独山县林下食用菌种植产业带动群众就近务工（图源：《贵州日报》 莫宇摄）

以"四在农家·和美乡村"开新局。贵州以"四在农家·和美乡村"建设为载体，持续深入推进乡村建设行动，加快建设宜居宜业和美乡村。2023年，省委、省政府印发《贵州省乡村建设行动实施方案（2023—2025年）》，提出进一步巩固提升"富、学、乐、美"内涵，常态化开展文明实践活动，深入实施"推进移风易俗、树立文明乡风"专项行动，狠抓乡村文明治理，建立健全移风易俗常态长效机制。同时，不断强化农村基础设施建设，解决农村居民眼前的"难题"。农村生活污水治理率达到20.9%，30户以上自然村寨生活垃圾收运处置体系覆盖率达70%，农村生活垃圾收运处置体系实现行政村全覆盖。新建、改建农村户厕37万户。通过乡村建设行动深入实施，累计单独编制完成2382个"多规合一"实用性村庄规划。开工建设52个农村规模化供水工程、农村自来水普及率达91.2%，农村电网升级改造新增完成投资62.75亿元、农村电网供电可靠率达99.86%，编制完成贵阳市乌当区、遵义市汇川区、务川仡佬族苗族自治县、赤水市、安顺市西秀区、铜仁市碧江区、铜仁市万山区、印江土家族苗族自治县、望谟县、黎平县、榕江县等11个全国"四好农村路"示范县创建方案，遴选41个村庄试点开展宜居农房建设。

江口县通村通组路（图源：《贵州日报》 徐影摄）

（三）聚焦"三大领域"拥抱数字经济蓝海

贵州立足"数字经济发展创新区"的重要战略定位，以数据核心生产要素和算力核心生产力为牵引，持续围绕算力保障、数据赋能、产业发展三个重点领域，拥抱数字经济蓝海，紧握"数智时代"脉搏，充分发挥数字经济作为重要增长极、生长点、源动力的定位，有效推动全省经济社会实现高质量发展。

贵阳大数据科创城（图源：《贵州日报》 文超摄）

围绕算力保障激活抢新机的动力。贵州通过持续多年对算力保障领域的深耕、细耕，算力保障这张名片代表的是数字经济发展的潜力、实力，更是动力，其正在不断助推贵州成为逐步崛起的"算力高地"，在抢占算力新赛道上奋勇发力赢得先机。近年来，贵州面向全国的算力保障基地已初具规模，通过深入实施数字经济发展战略，推进"东数西算"工程加快实施，跻身国家算力网八大核心枢纽节点，建成全国一体化算力网络国家枢纽节点建设工程一期56P算力资源池，投运及在建大型、超大型数据中心23个，是全球集聚大型和超大型数据中心最多的地区之一；算力通道直连城市累计达38个，互联网出省带宽达到4.5万Gbps，智能算力加速突破，智算芯片达7万张以上，位居全国前列，综合算力指数排名全国第九、西部第二。贵阳大数据科创城累计招引注册企业778家，加快打造数据中心、智能终端、数据应用等3个千亿级主导产业集群，数字经济占地区生产总值比重提高到42%左右，数字经济增速连续8年全国第一的背后，是算力保障优势迸发的强劲发展动力。

贵安新区中国电信云计算贵州信息园数据中心机房一角（图源：《贵州日报》）

围绕数据赋能挖掘抢新机的潜力。 贵州作为首个国家大数据综合试验区，在全国率先把大数据上升到全省战略全局推进，并举全省之力实施大数据战略行动。贵州作为中国大数据发展的策源地，正在逐渐发展成为数据赋能的试验场与筑梦地。近年来，贵州获批建设与大数据相关的48项国家级试点示范，形成了辐射带动和示范引领效应，为国家实施大数据战略、数字经济战略提供了"贵州方案"。在此基础上，贵州不断通过围绕数据赋能挖掘抢新机的潜力。一方面，以数据赋能发展。不断促进"数实融合"向更广更深迈进，立足传统产业向数字化转型面临的普遍滞后的困境，着力促进AI新型基础设施建设需求增长，数字技术和实体经济深度融合。贵州上云用云企业突破3万家，融合改造覆盖85%以上的规上企业，大数据与实体经济深度融合指数达到46.2，全省62家企业获DCMM（数据管理能力成熟度）等级证书，数量位居全国第11位，其中，云上贵州大数据产业发展有限公司获得国家数据管理能力成熟度（DCMM）乙方四级量化管理级证书，全国仅有13家企业获该资质认证。2023年3月，贵州印发《"万企融合"大赋能行动工作方案》，提出力争到2025年，全省数字经济增加值实现万亿倍增，持续保持全国前列，占GDP总量比重达到50%左右，第一、第二、第三产业规模以上企业实现融合升级全覆盖，进入融合中级阶段以上的企业占比达65%左右的数据赋能产业发展目标。另一方面，以数据赋能治理。在全国范围内率先开展创新政务信息化机制创新和数据治理机制，优势彰显、成效显著，数字政府建设排名位列全国第一梯队，贵州政务云平台现成为全国最大政务云平台，数字政府核心基础设施建设完备，数字政府综合水平位于全国前列。贵州作为国家电子政务云南方节点，数据共享开放水平全国领先，在全国率先实现全省政府部门信息系统网络通、数据通，贵州数据开放被评为全国5个A类地区之一。建成"政务服务一张网"，实现"一网通办"。在全国率先实现省级政府部门全部非涉密业务专网和电子政务外网互联互通，实现电子政务网络省市县乡村五级全覆盖，政府数据开放数量及可机读数据数量占比均居全国前列，根据复旦大学数字与移动治理实验室与国家信息中心数字中国研究院联合测评的"中国开放数林指数"，贵州仅位于浙江、山东之后，在省域综合排名稳居全国前三。

贵安华为云数据中心"云上屯"（图源：《贵州日报》）

围绕产业发展做实抢新机的活力。 当今世界，数字化发展浪潮席卷全球，正推动经济社会加速变革，贵州率先在大数据"突围战"中抢先机，探索将大数据的优势，转化为发展的动能，使数据生产力活力迸发。贵州依托华为云盘古大模型，聚焦酱酒、煤矿、化工、新材料、钢铁、有色、电力、建材等8个重点行业，以及城镇智慧化改造、乡村数字化建设、旅游场景化创新、政务便捷化服务4个重点领域，与12家贵州龙头企业就智能巡检、化工工艺流程优化等大模型场景达成合作意向，通过龙头企业示范效应，将大模型场景应用在全行业进行复制推广，大力推动行业龙头企业改造升级。通过华为云与贵安发展集团合作，共建贵安发展云、贵阳大科城智慧城市管理平台、产业赋能中心、大模型创新中心、人才培养与生态发展中心，服务政府、企业、社会，助力贵州数字经济高质量发展。加快实施"数智黔乡"工程，形成一批低成本、可复制的数字化转型方案，引领更多企业"上云用数赋智"，三次产业规上（限上）企业数字化改造覆盖率90%以上。软件和信息技术服务业产业规模全国排名从第26位提升至第17位，跃升9位，大数据电子信息产业总产值实现翻番，以数据中心、云服务为引领的贵州特色数字产业集群加快形成。大数据这张世界认识贵州的靓丽名片，正在逐渐转化为数字产业发展的动力源泉。

贵州黔西能源开发有限公司青龙煤矿智慧调度中心（图源：《贵州日报》）

（四）绘就人与自然和谐共生美丽贵州画卷

近年来，贵州始终坚持问题导向，狠抓突出生态环境问题整改，不断深化生态文明体制机制改革和建设，成效显著、亮点纷呈。2023年，贵州明确提出要加快在提升生态系统质量、污染防治攻坚、绿色低碳转型、拓宽"两山"转化路径、创新绿色制度、弘扬生态文化六个方面出新绩，在奋力推进人与自然和谐共生的现代化中走前列、作示范，努力开创"经济兴、百姓富、生态美"的多彩贵州新未来。

在提升生态系统质量上出新绩。 绿色转型发展成效突出，两江上游生态安全屏障更加牢固。强化生态保护与修复，贵州乌蒙山区、武陵山区"山水工程"入选首批世界十大"生态恢复十年旗舰项目"，武陵山区山水林田湖草生态保护修复工程、苗岭山脉历史遗留废弃矿山生态修复示范工

草海国家级自然保护区（图源：《贵州日报》 李建斌摄）

程加快实施，新增完成国家储备林建设368万亩，治理石漠化面积1469平方公里、水土流失面积6194平方公里，森林覆盖率提升到63%。中央生态环保督察反馈问题和长江经济带生态环境警示片披露问题年度整改任务全面完成，扎实开展省级生态环保督察。出台赤水河流域保护综合规划。石漠化和水土流失治理加快推进。

在污染防治攻坚上出新绩。2023年贵州深入打好污染治理攻坚战，推进赤水河流域白酒产业、磷污染、锰污染、生活污水、生活垃圾、危险废物、工业园区环境治理7个专项攻坚行动，完成21处县级黑臭水体整治，开工建设生活垃圾焚烧处理设施10座，污染防治攻坚成效明显，中心城市环境空气质量平均优良天数比率98.6%，主要河流出境断面水质优良率保持100%。2023年贵州省环境科学研究设计院筹建的全省首个"大气环境溯源研究移动实验室"建成启用，打造了贵州大气污染防控"问题精准、时间精准、区域精准、对象精准、措施精准"的"科技利器"，可在行驶途中同步实现170余种大气参数观测，为全省大气环境管理、突发环境事件处置以及相关科学研究等提供数据和理论支撑。由贵州省地矿局 114 地质大队承担的坪桥地下河系统污染防治试点项目顺利通过工程验收，这是我省首批被纳入国家地下水污染防治试点项目，也成为试点保持贵州国控断面水质稳定在地表三类水标准的重要举措。

鸟瞰十里酒城（图源：习水县融媒体中心）

在绿色低碳转型上出新绩。节能降碳成效明显。2023 年贵州共创建国家级绿色工厂 35 家、绿色工业园区 4 个。完成 480 万千瓦现役煤电机组改造升级。新增和更新的城市公交车、出租车中，新能源汽车占比分别达 100%、97.4%。单位地区生产总值能耗降幅居全国前列。贵州积极开展煤炭原位流态化开采煤炭地下气化，以及二氧化碳捕获、封存与利用技术攻关。将煤矿在地下进行有控制地燃烧，生成可燃烧气体抽出地面的技术，变"物理采煤"为"化学采煤"。该新工艺具有低碳绿色、安全、清洁、开采率高的优势，产出气可直接发电，或作为液化天然气原料、提纯氢气进行储备、用作煤化工附加产品等，应用前景广阔。2023 年在全国低碳日开展了青少年低碳宣传，低碳宣传进校园、进社区、进企业、进园区等共 10 个专项活动。

贵州一道长通新能源有限公司光伏组件生产线上的机械臂在作业

(图源:《贵州日报》 何欢摄)

在拓宽"两山"转化路径上出新绩。 贵州深入贯彻创新、协调、绿色、开放、共享的新发展理念,全省绿色经济占比5年来提高了6.3%,沉睡的生态资源,正源源不断转化为更多更好的经济价值。在全国率先试点试算全省生态产品总值核算(GEP),挂牌运行生态产品交易中心,毕节市获批全国林业碳汇试点市。探索生态产品价值实现机制,启动贵阳市、江口县等6个省级林业碳汇试点工作。茅台集团的水、气、声相关控制性指标达标率与完成率均达100%,赤水河干流茅台段水质稳定在地表水Ⅱ类标准,区域空气质量优良率达98.7%,同步规划建设中华生态湿地,对达标"尾水"净化回用,降低对赤水河的生态影响,全力保障污染防治实效,不断集聚绿色发展动能。同时,茅台大力推广绿色能源,完成1亿度绿电采购,实现绿电100%覆盖;推动厂区绿化覆盖率达57.3%,连续15年发布社会责任或ESG(环境、社会及管制)报告。贵州磷化集团形成建材、充填、水泥缓凝剂、分解制酸、生态处置五大路径,年消纳处置量达1000万吨。

奋进高质量发展新征程
——贵州围绕「四新」主攻「四化」年度报告（2023）

贵州生态产品交易中心在 2023 年生态文明贵阳国际论坛上正式挂牌
（图源：贵州环境能源交易所有限公司）

在创新绿色制度上出新绩。生态文明制度系统集成和协同创新取得新成绩，多措并举加快完善生态文明制度。深入推进河湖长制、林长制。贵州国家生态文明试验区建设 31 项改革经验被列为国家改革成果案例。云、贵、川三省共同实施第二轮赤水河流域横向生态保护补偿，镇宁县、威宁县、荔波县纳入全国生态综合补偿重点区域。出台贵州省建立流域横向生态保护补偿实施机制的指导意见、重大生态环境损害赔偿案件督办办法。2023 年修订和制定的《贵州省生态文明建设促进条例》《贵州省乌江保护条例》和《贵州省赤水河流域酱香型白酒生产环境保护条例》正式施行。其中，《贵州省乌江保护条例》的颁布实施，标志着长江上游贵州重要支流立法保护实现"全覆盖"；《贵州省赤水河流域酱香型白酒生产环境保护条例》的颁布实施，是贵州首次从立法层面明确"生产环境保护"概念，为赤水河流域酱香型白酒高质量发展和生态环境高水平保护提供了法律保障。

在弘扬生态文化上出新绩。2023 年是开展生态文明示范创建工作以来，贵州获评示范区数量最多的一年，贵阳市、清镇市、荔波县等获评入选"国家生态文明建设示范区"；湄潭县、贵州省赤水河流域茅台酒地理标志保护生态示范区获评国家"绿水青山就是金山银山"实践创新基地。贵阳市成为全省第一个、全国第三个成功创建国家生态文明建设示范区的城市。国家批复同意贵州创建梵净山国家公园。开展"人与自然和谐共生"贵州生态环境月主题系列活动；环保音乐会、生态主题灯光秀、"人与自然和谐共生"创意作品展等活动，通过新颖前沿的展现方式彰显生态环境保护主题，传递共同保护生态环境理念，营造浓厚的绿色氛围；创新举办生态文明贵阳国际论坛，发布《2023贵阳共识》；举办首个全国生态日贵州主场活动。

贵阳市观山湖公园（图源：《贵州日报》 尚宇杰摄）

二、2023年，推进"四化"建设有新突破

（一）新型工业化：六大产业基地全面发力

2023年，贵州围绕"3533"奋斗目标，全力建设"六大产业基地"，规模以上工业增加值增长5.9%，工业经济占比达27.2%。截至2023年底，贵州新型工业化六大产业基地有效发明专利达9352件，占全省有效发明专利的42.4%。

贵州磷化集团黔南基地（图源：《贵州日报》）

大力建设新型综合能源基地。 近年来，贵州加快新型综合能源基地建设，不断推动煤矿规模化、智能化发展。新建成投产金沙渝南、鑫达露天煤矿等煤矿井矿85处，煤炭产能达2亿吨/年；开工建设6个煤炭储配项目、设计静态储配能力500万吨。完成23台煤电机组共1039.8万千瓦升级改造，盘江新光电厂一号机组提前建成投用，毕节150万千瓦、黔南150万千瓦两个大型光伏基地项目加快建设，开工建设贵阳、黔南抽水蓄能电站，新增新能源装机400万千瓦，电力总装机达8560万千瓦。

福泉市龙昌镇长冲村光伏发电基地雪景（图源：贵州图片库　易盛武摄）

大力建设全国重要的资源精深加工基地。 贵州大力实施"富矿精开"行动和新一轮找矿突破战略行动,实施57个地质找矿项目、提交找矿靶区41处,新增探获锂矿、磷矿、铝土矿等一批资源储量,建成投用磷矿资源集中采购供给平台。引进青山、华友、华峰磷化工一体化项目及江山、美锦等磷化工、煤化工重大项目。贵州磷化集团40万吨/年湿法净化磷酸项目建成试生产,贵州美锦六枝"煤—焦—氢"综合利用示范项目、贵州华尔盛新材料年产5000吨精细化工新材料项目(一期)等项目加快建设。推进电解铝行业全面生产,推动铝产业稳定。锰加工产业转型升级取得新突破。创新建设磷矿资源集中采购供应平台,更好地保障企业原料需求,同时降低生产成本。

大力建设新能源动力电池及材料研发生产基地。 贵州新能源动力电池及材料研发生产基地提速建设。印发实施《贵州省新能源动力电池及材料研发生产基地建设规划》,着力优化"一核两区"布局,引进宁德时代、比亚迪等头部企业,全省已形成电池制造产能35Gwh、正极材料产能36.6万吨,三元前驱体出货量稳居全球第一,新能源电池材料产业年产值达700亿元,初步形成在国内具有一定市场影响力的产业格局。依托新能源

宁德时代贵州新能源动力及储能电池生产制造基地项目(图源:《贵州日报》)

电池材料产业基础，启动"电动贵州"建设，围绕龙头企业开展产业链招商，推动从电池材料、动力电池到新能源汽车的全产业链集群发展，新能源商用车、乘用车等项目取得新进展。建成贵州电网"三横两联一中心"500千伏主网架，打通了西电东送"高速路"。

大力建设面向全国的算力保障基地。贵州数字经济占比达42%左右、增速保持全国前列。依托华为云构建"云服务"生态圈，贵阳大数据科创城集聚企业800家以上，软件和信息技术服务业收入增长20.7%。深入推进"东数西算"，抢抓机遇布局人工智能新赛道，数据中心由存储中心加快向"存算一体、智算优先"转变，华为云、中国电信、中国移动等智算中心落地，智能算力加速突破，智算芯片达7万张以上，位居全国前列。贵安新区累计落地数据中心19个、枢纽配套项目3个，是全球集聚大型和超大型数据中心最多的地区之一，贵安新区创新中心联合创建了8个场景化多领域解决方案，推动380多家企业进行数字化转型，为170多家本地企业提供了数字化诊断服务。

大力建设全国重要的白酒生产基地。贵州作为全国重要的白酒生产基地建设成就斐然。大力培育壮大白酒产业，颁布赤水河流域酱香型白酒生产环境保护条例和酱香型白酒小作坊生产规范地方标准，争取到国家将赤水河流域酱香型白酒产业集群纳入全国传统优势食品产区和地方特色食品产业的培育范围；深入推进"三个一批"白酒产业综合治理整治，累计清理退出白酒企业632家、改造提升995家、兼并重组631家，建成百亿级企业2家、十亿级企业9家、亿元级企业32家，全省规模以上白酒企业超过180家、年产值超过1300亿元。持续推动白酒产业转型升级，深化"三个一批"综合整治，提升改造白酒企业995家，扩大优质产能，开展"黔酒中国行"等活动，带动产销增长，白酒产业增加值增长10.7%，为工业经济增长提供有力支撑。

大力建设全国重要的产业备份基地。贵州产业备份基地加快打造，制定实施《贵州航空产业城总体发展规划》和30条支持政策措施，引进落地一批重点项目，规划建设贵州航空产业城，持续深化与中航工业、中国航发等军工央企战略合作，加速打造黎阳航空发动机产业生态圈，加快建设中航重机总部及研发基地、航天江南智能制造基础件产业集群、航发精铸贵安涡轮叶片生产基地、安大航空锻造产业园等重大项目，2023年航空航天及装备制造业增加值增长 8% 左右。全省新增贵州汇杰兴邦物联科技有限公司、贵州华岩软件有限公司、贵州众创仪云科技有限公司、贵州泰若数字科技有限公司、贵州联广科技股份有限公司、贵州省质安交通工程监控检测中心有限责任公司、贵州黔程弘景工程咨询有限责任公司、贵州威利德制药有限公司、贵州凯襄新材料有限公司等 9 家国家级"小巨人"企业，设立省级专精特新中小企业 422 家，培育安达科技、世纪恒通等 2 家企业成功上市。对于推动中小企业创新发展，优化产业链、供应链、创新链，攻克关键核心技术意义显著。贵州工业经济的发展壮大，为全省稳增长、优结构提供了强劲动能。

贵州詹阳重工产品（图源：《贵州日报》 朱迪摄）

（二）新型城镇化："一群三带"城镇格局加快形成

新型城镇化和乡村振兴有机结合。近年来，贵州加快构建城乡融合发展新格局，实现城市和乡村互补互促、共同繁荣，是深入实施新型城镇化和乡村振兴两大战略的必然要求。把新型城镇化作为乡村振兴的牵引力量，把乡村全面振兴作为新型城镇化的关键支撑。2023 年 7 月 21 日，发布《贵州省新型城镇化实施方案（2023—2025 年）》，以城市群为主体、大中小城市和小城镇协调发展，以人为核心的山地特色新型城镇化，加快构建"一群三带"城镇空间格局，全力做强城镇经济，大力提升城镇品质，着力提高城镇治理水平，促进农业转移人口全面融入城市，推动城乡融合发展，不断增强城镇人口承载力、内需带动力、发展竞争力，为推动贵州高质量发展实现新跨越、奋力谱写多彩贵州现代化建设新篇章提供强劲动力。2023年，贵州农村居民人均可支配收入14817元，同比增长8.1%，农村居民人均可支配收入增速高于城镇4%。城乡收入比较上年下降0.11，首次降低至3.0以下，为2.89，贵州全省城乡居民收入差距进一步缩小。

以人为核心的新型城镇化加快推进。 深入实施"强省会"行动，统筹城市规划、建设、管理三大环节，坚持规划为先、功能为重、产业为要、民生为本"强省会"，坚持精深化开发、精准化改造、精细化管理，努力实现城市发展高质量、城市生活高品质、城市治理高效能。随着轨道交通3号线开通运营、"一圈两场三改"建设有序有力、产业项目招引持续多点开花，"强省会"战略不仅有亮点，更有成色——贵阳市综合实力再上新台阶。贵阳市地区生产总值再次跨过一个千亿级台阶，达到5154.75亿元、同比增长6%，增速高于全国、全省，经济运行总体呈现回稳向好、进中提质的良好态势。常住人口超过640万人。制定出台深化贵安新区管理制度改革和推动贵安新区高质量发展政策措施，印发实施《黔中城市群高质

观山湖区金融城夜景（图源：观山湖区融媒体中心）

量发展规划》，深入实施《推动毕节高质量发展规划》并出台47条配套政策措施，出台40条政策措施大力推动县域经济发展。大力实施城市更新行动，完成棚户区改造29.96万套（户），开工老旧小区改造48.03万户、背街小巷改造4220条，新建改造城镇地下管网9408公里。

探索新型城镇化的"贵州实践"。贵安新区作为第二批国家新型城镇化综合试点城市，贵州出台《关于进一步加快推动贵安新区高质量发展的意见》《贵安新区高质量发展三年攻坚实施方案（2023—2025年）》《贵安新区建设统筹城乡发展示范区三年攻坚实施方案（2023—2025年）》，努力推动新区发展"一年一个样、三年大变样"。贵阳大数据科创城、马场产业新城、花溪大学城、高峰组团、云漫湖组团等"三城两组团"的城镇空间格局逐渐形成，不同功能区布局合理、功能完善，产业导入能力和公共服务水平不断提升。同时，打造了"区级综合医院、乡镇卫生院（社区卫生服务中心）、村卫生室（卫生服务站）"优质高效的三级卫生健康服务体系；北京师范大学贵安新区附属学校、贵州师范大学附属初高中学、贵州省实验中学贵安校区等学校相继投用；环城快铁让贵阳贵安双城15分钟内快联互通，贵安站"南下粤港澳、北上京津冀"，逐渐成为连接华中、华南、西南的重要交通枢纽。2023年黔南州158个城市社区全面启动"15分钟社区生活圈"成功打造14个州级示范样板社区，34个社区基本达到"五星"创建标准，改造存量棚户区1.44万套（户），老旧小区2.4万户，累计完成236个行政村农村生活污水治理，30户以上自然村寨垃圾收运覆盖率达97.6%，新增落户城镇人口2.2万人以上。建设安顺市"以产带城，以城聚产"，开工建设安大产业园二期等航空产业项目97个，安吉航空精密铸造产业园一期、平坝年产6.5万件航空零部件产品机加工生产等6个项目建成投用。安大航空锻造产业园项目建设有序推进，该产业园涉及10个子项目，占地面积300亩，总投资约30亿元，项目整体投产后预计年产值50亿元。凯里市按照"十四五"规划、"强州府"五年行动工作部署，制定出台《凯里市新型城镇化产业三年倍增计划实施方案》，着力建设凯里新城，加快凯麻同城化、凯都一体化步伐，建设一批特色小城镇，构建"山为景、桥隧连、组团式、集约化"的山地民族特色新型城镇化体系，形成优势互补的区域经济发展格局。力争到2025年全市集聚人口达80万以上，建成黔湘桂区域性中心城市、新时代宜居宜业宜游的"苗侗明珠·文明凯里"。

（三）农业现代化：现代山地特色高效农业体系稳步构建

粮食安全保障能力不断增强。 通过深入实施粮油生产、储备、加工能力提升三大行动，新建高标准农田 453 万亩，新建成 11 个市县级粮食仓储物流设施项目，全省储备粮、油分别达 262 万吨、26 万吨，粮食产量稳定在 1100 万吨以上。扎实推进农业特色优势产业发展，贵州省织金县、长顺县、余庆县等 3 个县入选 2023 年农业现代化示范区创建名单，新增创建国家现代农业产业园 3 个、优势特色农业产业集群 3 个、农业产业强镇 15 个，粤港澳大湾区"菜篮子"基地累计达 351 个，遵义朝天椒、都匀毛尖、兴仁薏仁米入选首批全国农业品牌精品培育计划，省级以上农业产业化重点龙头企业达 1200 家。示范推广水稻生产全程机械化，完成辣椒联合收获机制，全省主要农作物耕种收综合机械化率达 52%。大力推进农业"接二连三"，农产品加工转化率达 62%。

桐梓县狮溪镇油菜花田（图源：《贵州日报》 娄山春摄）

"三农"工作稳中有进。 2023 年，贵州尽管面对冬春连旱、夏季少雨等农业生产不利因素，全省广大农民群众和"三农"工作者迎难而上、克难奋进，稳住了农业基本盘，"三农"工作稳中有进、稳中有升。

2023年，贵州粮食产量达1119.7万吨，油料产量99.4万吨，同比分别增长0.5%和1%，贵州坚持树立大粮食观、大食物观，着力提升重要农产品供给能力，通过深入实施粮油生产、储备、加工能力提升三大行动，积极主动推进高标准农田建设、粮食单产提升、农机化社会化服务提升、油料产能提升、种子种苗提升、新型农业经营主体培育提升"六大工程"，粮食面积得以稳定，单产水平不断提升，确保保质保量完成国家下达的目标任务，为国家保障粮食安全，牢牢端稳饭碗贡献了"贵州力量"。贵州通过鼓励近万名农技人员深入基层开展粮油生产基础性示范服务和"揭榜挂帅"，将水稻"两增一调"、玉米"一增五改"、大豆玉米带状复合种植等高产高效技术送到农业生产第一线赋能农业生产，多地打破了粮食高产纪录，为粮食丰收提供了坚强技术保障，在省级"揭榜挂帅"水稻百亩方高产示范和小面积超高产示范测产中，百亩方水稻高产示范平均亩产981.83公斤，其中最高田块样本点折合亩产达1174.16公斤，创贵州水稻单产新纪录。全省农业总产值、农民人均可支配收入同比分别增长4%和8.1%。2023年贵州脱贫劳动力外出务工336.13万人，脱贫人口人均纯收入超过1.5万元、增长14.2%，提前完

关岭自治县花江镇永睦中药材基地（图源：关岭中药材产业专班）

成人均纯收入1万元以下脱贫人口动态清零任务。防止返贫动态监测和帮扶效果持续不断增强，全省59.6%的监测对象已消除风险，搬迁安置社区成立512个集体经济组织，96.21万搬迁劳动力实现就业。2023年，投入126.61亿元资助资金保障农村儿童教育，投入44.22亿元学生营养膳食补助资金，让481.48万农村学生受益。

农业现代化与新型工业化有效联动。 2023年，我省茶叶、蔬菜、辣椒、中药材产量分别增长8%、3.8%、3.2%、7%，农业特色优势产业产值增长5%；推进农业"接二连三"，农产品加工转化率达62%；省级以上农业产业化重点龙头企业达1200家。聚焦农业现代化发展需求，集结全行优势资源重点支持龙头企业，逐步补齐农产品产业链条，引领特色产业强链延链补链，通过产业融合发展，实现了农业现代化与新型工业化发展的有效联动，创造了"贵州绿茶""贵州刺梨""生态贵椒""贵州黄牛"等精深加工农产品品牌。贵州立足气候、生态、山地等优势资源，持续调整农业产业结构，聚焦品种培优、品质提升、品牌打造和标准化生产，大力发展农产品精深加工业，加快推进农业现代化。近年来，贵州辣椒、茶叶、刺梨、蓝莓、天麻等种植面积位居全国前列；老干妈、凯里酸汤、贵州干净茶、贵州黄牛肉、山王果刺梨汁等省内知名品牌正不断"出圈"走向更广阔市场。贵州聚焦自身农业产业优势，积极探索农业现代化与新型工业化的有效联动。贵州是全国辣椒种植面积唯一超过500万亩的省份，辣椒制品年加工产值在160亿元以上，产销规模持续位列全国首位，拥有全国唯一的省部共建辣椒专业批发市场。贵州共有300多家规模化辣椒加工企业，辣椒全产业链协同发展不断深化。兴仁市作为"中国薏仁米之乡"，充分利用30万亩薏仁米，培育出400多家加工企业，通过"订单种植、保底价收购"的合作方式，带动5万余户户均增收2000元以上。锦屏县不断拓宽鹅产业链下游，全力打造羽毛球运动装备制造轻工业，推动羽毛球运动小镇建设，逐步形成养鹅、羽毛球加工、羽毛球装备制造、羽毛球体育运动为一体的产业链集群，2023年1月—7月，锦屏县外贸出口实现1689万美元，同比增长160%。随着林下天麻种植的推广，大方县仿野生天麻的产业链也越来越完善。截至2023年底，大方天麻拥有种植经营主体138家，精深加工产品30余个，备案食用产品23个，预计综合产值6.25亿元。

锦屏经济开发区羽毛球生产车间（图源：《贵州图片库》 杨晓海摄）

（四）旅游产业化：加快建设世界级旅游目的地

全省围绕"两大提升"，聚焦"三大要素"，深入实施"四大行动"。织金洞获批为国家5A级旅游景区，万峰林通过国家5A级景区景观质量评审，正安吉他文化产业园获批国家级文化产业示范园区，铜仁朱砂古镇入选国家工业旅游示范基地，创建国家级夜间文化和旅游消费集聚区12个，打造推出"中国天眼红色贵州旅游""赤色征程突破乌江之旅"等红色旅游精品线路，黔东南榕江县"村超"、台江县"村BA"火爆出圈，全省接待游客人次、旅游收入、游客人均花费分别恢复到2019年同期的113%左右、119%左右和105%左右，旅游及相关产业增加值占地区生产总值比重超过5%。

以特意性旅游资源打造世界级旅游目的地。 贵州坚持以文塑旅、以旅彰文，围绕"9+2+2"（9家5A级景区+西江千户苗寨、万峰林景区+2家国家级旅游度假区）特意性旅游资源打造世界级旅游目的地，聚焦资源、客源、服务三大要素，奋力实现旅游大提质。2023年贵州加快建设荔波、

奋进高质量发展新征程

——贵州围绕「四新」主攻「四化」年度报告（2023）

站在桥上看风景——天空之桥服务区成为无数游客心中的"诗和远方"
（图源：《贵州日报》）

黄果树、赤水世界级景区，青云路、乌江寨、贞丰古城等成功创建国家级夜间文化和旅游消费集聚区，青岩古镇、荔波古镇成功创建国家级旅游休闲街区。平塘县天空之桥、黔东南州"乡村旅游1号公路"入选全国第一批交旅融合典型案例。围绕旅游"六要素"发力业态布局。在重点景区内外推出黔菜美食店90家、黔菜单品标准40个，发布首批特色美食120道。2023年贵州出台贵州民宿指导意见、首批政策清单和等级划分标准，新评定等级民宿163家。新增五星级饭店3家、四星级饭店9家、品牌连锁酒店63家，新建提升露营基地44个。完成贵州特色旅游商品购物店形象提升改造20家，新增10个剧本娱乐项目进景区，推动《多彩贵州风》《贵秀》等30个旅游演艺项目复演提升。

航拍世界自然遗产地梵净山云海雾凇景观（图源：贵州图片库 李鹤摄）

以客源市场为中心打造世界级旅游目的地。 近年来，贵州坚持以客源市场为中心，创新方法、多措并举完善服务配套推进服务质量。2023年，全省旅游人次、旅游总收入、游客人均花费分别恢复到2019年的113%、119%和105%，均高于全国平均水平，位居全国前列。贵州坚持以"重点推介+政策优惠+流量吸引"打造世界级旅游目的，创新举办省旅发大会、国际山地旅游暨户外运动大会，赴北京、上海等重要客源市场开展文旅招商推介36场。推出"一免三减半"等优惠活动，面向亚运会、亚残运会举办地发布优惠活动，实施"引客入黔"团队游奖励办法，恢复香港、澳门等航线。作为全省旅游的交通枢纽。2023年，黄果树全力推进世界级旅游景区建设，通过文旅融合和科技赋能推动景区业态升级，接待游客首次突破500万人次，带动景区周边民宿、咖啡馆、户外营地、民族村寨以及桥旅等业态兴起。贵州旅游近年来不断优化软硬服务，适应"小车小团""支支串飞"的旅游发展新趋势，将"小车小团"与贵阳路边音乐会、人文古迹、温泉等深度融合，按照《旅游法》和《贵州省旅游条例》，加强对旅行社经营和导游执业行为的事中事后监管，强化相关交通运输企业培训，不断提升"小车小团"企业的服务水平。2023年，全省先后举办旅游星级饭店、A级旅游景区等7个旅游行业技能大赛，分门别类持续开展非遗、导游、乡村旅游、民宿等培训，在400余个点位开展志愿服务9.28万人次。硬件设施方面，评定旅游厕所、新建异地租车网点、完善高速公路及旅游景区标识标牌，172对高速服务区和"9+2+2"景区实现充电桩

（车位）全覆盖。全省 636 个高速收费站每日进出站车流、"9+2+2"景区实时客流等数据被接入省级平台。数据显示，全省 513 个 3A 级及以上旅游景区三级及以上公路覆盖比达 70.8%。

夜幕下的贵阳市青云路步行街灯火璀璨、人潮涌动、热闹喜气

（图源：贵州图片库　乔啟明摄）

以"体旅融合"为特色打造世界级旅游目的地。 2023 年贵州"村超""村 BA"等以"体旅融合"为特色的旅游品牌引发现象级热门话题，相继被美国《华尔街日报》、新加坡《海峡时报》、英国广播公司、法新社等国外媒体争相报道。"村 BA"获得了全网五百多亿的关注度和流量。通过举办"群众做主创、群众当主角、群众来主推"为特色的"体旅融合"体育赛事，有力地助推了当地经济社会持续健康发展。2023 年，黔东南州台江县地区生产总值增长 8.8%，增速排全州第一、全省第三。农村居民人均可支配收入同比增长 8.8%，增速排全州第一、全省第二。2023 年，全县旅游总人数 640 万人次，同比增长 74.87%；旅游综合收入 84.64 亿元，同比增长 94.66%。2023 年，贵州围绕贵州山地特色，创新体育旅游产品体系，充分发挥优势特色，加强体旅融合，大力推进"体育旅游+"多产业

融合发展。贵州省体育局共支持建设了5个体育公园，创建完成了8个城镇体育旅游示范基地、8个景区体育旅游示范基地、3个体育特色小镇，培育了4条体育旅游黄金线路、5个自驾露营营地。获批国家体育旅游示范基地1个、国家体育旅游精品项目7个。

多彩民族文化亮相"村超"图为松桃自治县的苗族同胞
（图源：贵州图片库　龙元彬摄）

三、2023年，围绕"四新"主攻"四化"亮点纷呈

（一）以富矿精开让矿产"聚宝盆"熠熠生辉

贵州是矿产资源大省，煤、磷、铝、锰等49种矿产资源储量排名全国前10位；已发现矿种137种，占全国已发现矿种的80%，有着矿种多、分布广、门类全的矿产资源优势。矿产资源富集的贵州省被誉为"江南煤海""中国磷都"，是一个名副其实的天然"聚宝盆"。据贵州省社会科学院测算，贵州省煤、磷等10种优势矿产资源价值大约114万亿元，以单矿种算，潜在价值最高的是煤矿，超过100万亿元，占全省10种主要矿产资

奋进高质量发展新征程
——贵州围绕「四新」主攻「四化」年度报告（2023）

源潜在价值的93%以上，其中可提取价值大约62万亿元。习近平总书记指出："矿产资源是经济社会发展的重要物质基础，矿产资源勘查开发事关国计民生和国家安全。"在全面建设社会主义现代化国家、以中国式现代化全面推进中华民族伟大复兴的宏伟蓝图中，如何让作为矿产"聚宝盆"的贵州资源优势持续熠熠生辉是一个十分重要的命题。矿产资源有效开发不仅有极高的经济价值，更有影响深远的社会意义，其远远超出了矿产资源本身，随着世界新能源、新材料等新兴产业的不断发展，贵州的矿产资源正成为全球产业链上的重要一环，不仅禀赋优势凸显，其战略地位也愈发重要。只有做好矿资源开发利用模式的更新换代，才能实现守好发展和生态两条底线，助力谱写中国式现代化贵州实践新篇章。因此，贵州给出的答案就是要以"富矿精开"为关键抓手在新时代西部大开发上闯新路，加快推动全省矿业高质量发展取得新进展、新突破，为推进中国式现代化贵州实践谱写更加辉煌的篇章提供坚实支撑。

贵州磷化集团年产3万吨磷酸铁厂区全景（图源：《贵州日报》）

032

"富矿精开"是构建贵州现代化产业体系的最大优势和关键一招，贵州以"富矿精开"为关键抓手，把精查探矿、精准配矿、精深加工、精细开发落实到产业和项目中，逐步走出一条以高端化、智能化、绿色化为方向，突出"富矿精开"特色的现代产业体系升级之路，2023年全省原煤产量达到1.53亿吨，同比增长10.8%。立足国家急需，衔接"3533"重点产业集群和主导产业"一图三清单"资源支撑，将"461工程"明确的煤、磷、铝、锰、锂等11组23个矿种作为主攻矿种。为实现"富矿精开"的目标，贵州在提级增储一批战略性矿产和紧缺急需矿种的同时，注重引导存量矿产资源向"链主"企业集聚，进一步形成大型企业为主体、大中小型企业协调发展的精细开发新格局，坚持安全、集约、高效、绿色开采，加快推动矿产资源精深加工产业向高端化延伸，实现矿产资源开发利用与现代化产业发展的协同耦合，切实将矿产资源优势转化为经济优势、发展优势，逐步实现"优矿用好、呆矿用活、劣矿用足"的目标。打造"贵州省磷资源集中采购供给平台"，入驻企业与磷矿供应加快产业链协同发展。贵州通过推动"链主+链条"的"富矿精开"产业发展模式，正在逐步打造一批煤化工、磷化工、锰加工、铝加工等为重点的百亿、千亿级矿业产业集群。2023年12月28日，贵州与青山控股集团、华友控股集团、华峰集团等三家国内龙头企业签署战略合作协议，将围绕磷煤化工一体化及产业配套等进行合作，作为贵州历史上投资最大的产业项目，计

贵州美锦华宇"煤-焦-氢"综合利用示范项目基地

（图源：贵州黔晟股权投资基金管理有限公司）

划投资超 700 亿元。目前，贵州全省资源精深加工基地亿元以上在建项目共有 124 个、总投资达 1250 亿元。

（二）以算力保障激发新质生产力

党的二十大报告指出："高质量发展是全面建设社会主义现代化国家的首要任务"，习近平总书记强调："高质量发展需要新的生产力理论来指导"。加快发展新质生产力，是贵州经济转型升级、加快高质量发展的迫切任务，是在区域经济布局中发挥比较优势、抢占有利位势的必然选择，是服务和融入国家战略的题中应有之义。面向新时代新质生产力的发展要求，科技创新能够催生新产业、新模式、新动能，是发展新质生产力的核心要素。

贵阳大数据科创城（图源：贵安新区办公室）

贵州持续通过提升算力保障能力激发新质生产力。根据贵州省社会科学院利用熵权 TOPSIS 法，综合算力水平、基础条件、公共服务、自然环境、发展生态等 5 个一级指标和数据中心规模、省级出口带宽、电价、气温离差等 19 个二级指标，测算贵安等 10 个国家规划数据中心集群算力保障指数，贵安算力保障指数在 10 个数据中心集群中最高，为 57.02，位居第一，比排名第二的中卫（56.98）高0.04。其他依次为庆阳55.29、和林格尔55.24、张家口52.06、韶关50.74、长三角50.19、天府46.01、重庆38.13、芜湖35.92。与平均值相比，贵安算力保障指数为全部平均值（49.76）的115%，为东部平均值（45.51）的125%，为西部平均值（56.13）的102%。贵州在全国十大数据中心集群中算力保障综合能力排名第一。近年来，贵州算力保障主要优势在于：

中国移动贵阳数据中心工作人员查看设备（图源：中国移动贵州公司）

自然环境优势突出。在五个一级指标中，贵安最具优势的是自然环境（包括气温离差、空气质量、与主要城市的距离等三个二级指标），自然环境指数为71.67，在全国大数据中心集群中排名第一，比排名第二的庆阳（67.64）高4.03，比平均值（49.04）高22.63，比东部平均值（43.69）高27.98，比西部平均值（57.07）高14.60。气温方面，数据中心的最适温度一般为20~25℃，而贵安一年中一般只有7月、8月两个月最高气温超过25℃，在十大集群中是最少的。空气质量方面，如果沙尘、腐蚀性气体浓度长期超标，会影响设备使用寿命，严重的会导致宕机事故。贵安2022年空气质量综合指数为2.53，在十大集群中是最优的。

政策保障力度大。近年来，贵州出台的省级算力相关政策数量（41个）排名第一，比排名第二的芜湖（21个）高20个，比全部平均值（15.1个）高25.9个，比东部平均值（13.2个）高27.8个，比西部平均值（18个）高23个。

起步时间较早。2014年，贵安开始建设数据中心，截至目前已9周年，发展年限排名第三，比全部平均值（8.6年）高0.4年，比东部平均值（7.8年）高1.2年，比西部平均值（9.8年）低0.8年。

算力节点布局省会城市。贵安数据中心集群布局于贵州省会城市贵阳，是西部集群中唯一位于省会城市的，可充分利用省会城市所具备的诸多优势，获得产业、人才、交通以及配套服务等方面较好的支撑。

第三届贵阳工业博览会与2023数博会同期举办（图源：《贵州日报》）

战略后方优势保障。当今世界恰逢百年未有之大变局，难以预料的不稳定性、不确定性陡然增多，国际形势愈加动荡，国内需求疲软，消费信心不足，为了预防风险、未雨绸缪，针对区域经济发展不均衡这一问题，需考虑战备需要，以调配引导人口、资本、资源向内陆区域发展，达到全国均衡发展的目的，而贵州是最安全的战略大后方。

软件硬件快速发展。贵州数字经济增速连续8年位居全国前列，信通院发布的《中国数字经济发展白皮书（2022）》显示，2021年贵州数字经济增速达20.6%，高于全国平均4.4个百分点。软件和信息技术服务业实现高位增长，2022年营业收入增长90.5%，连续17个月保持全国第一，规模居全国第17位、较上年提升两位。电子信息制造业保持快速增长。新增7户大数据电子信息企业入选工业和信息化部专精特新"小巨人"企业名单。

毕节高新区的同方计算机生产基地生产车间（图源：贵州图片库　万飘阳摄）

（三）以"数实融合"推进优势产业发展

习近平总书记强调指出："一个国家一定要有正确的战略选择，我国是个大国，必须发展实体经济，不断推进工业现代化、提高制造业水平，不能脱实向虚。"在实现中国式现代化的伟大征程中，贵州深刻理解中国式现代化贵州实践的"三者"定位、"五期"方位，作为中国式现代化建设的后发追赶者、西部欠发达地区推进中国式现代化的典型实践者、中国式现代化建设的创新探索者，有效结合贵州工业化处于由中期向后期转型推进期、信息化处于动能释放期的发展方位，积极探索以"数实融合"推进新型工业化的路径，促进制造业"数实融合"不断从消费端向生产端延展，发挥大数据领域信息支撑、数字集成、智能分析对工业发展的重要作用、大抓工业、大兴工业、大干工业。据最新统计，贵州工业化和信息化融合发展水平达到 53.4，较上年提高 3.6，增幅为近 5 年最高，航天电子、振华云科等 12 个项目获批国家数字化转型领域试点示范，获批国家级工业互联网试点示范项目、典型案例和解决方案等 80 余个，打造"5G+工业互联网"应用项目 65 个，形成"工业云""能源云""电梯物联网"等 10 个典型应用平台。

盘州市红果经济开发区智能机器人正在配合工人进行生产
（图源：《贵州日报》 张凌摄）

"数实融合"的核心就是要"以数兴实""以数强实"，就是通过信息化、数字化、智能化领域的优势技术和手段，赋能优化资源配置、调整产业结构，实现产业转型升级。贵州作为首个国家大数据综合试验区，贵州锚定智能制造，深入实施"万企融合"大赋能行动，按照"一业一指引、一业一标杆、一业一平台"融合的总体思路，大数据与实体经济融合成为产业转型升级的重要引擎，数据产业优势释放为新型工业化产业发展价值，为全省高质量发展提供更强动力。目前，贵州大数据、云计算、人工智能等数据技术，正加速向制造业渗透，工业互联网应用已覆盖 40 多个国民经济重点行业，通过加速布局工业互联网，为以制造业为代表的工业经济增长拓宽空间，以数字化赋能、赋值和赋智让制造企业受益，促进工业产业链和价值链围绕新型工业化目标全面升级。贵州各重点产业的工业云平台应用率、经营管理数字化普及率、工业电子商务普及率等指标均超过国内平均水平。大数据作为产业转型升级的重要推动力，正为众多黔企赋能，助其抢占制造业数字化转型新赛道。近5年来，贵州工业数字化转型进入快速发展期，工业企业数字化研发设计工具普及率提升20.9%，达69.6%，关键工序数控化率提升17.1%，达50.3%。为更好地以"数实融合"推进新型工业化，贵州加快推进5G、工业互联网建设，2023年重点打造工业互联网建设项目30个，整合"数字工信"平台，引导工业企业和工业设备上云上平台，建设企业级工业和行业级工业App，推动5G全连接工厂建设、验收并推广试点示范项目、建设产业互联网平台、推广"工业互联网标识解析二级节点"，在"数实融合"的持续赋能下，贵州工业智能化改造其势已成，正在由"贵州制造"迈向"贵州智造"。

(四) 以"电动贵州"跑出贯彻新发展理念的"贵州速度"

2023年"电动贵州"成为名副其实的贵州热词，"电动贵州"缘何应运而生？一方面，贵州作为国家生态文明试验区，围绕国家实施碳达峰碳中和的重大战略决策，立足完整、准确、全面贯彻新发展理念，深度融入新发展格局，为构建绿色低碳循环发展的经济体系，落实制造强国战略，抢抓新能源汽车产业发展机遇，紧紧把握汽车产业电动化、网联化、智能化发展趋势，需要以"电动贵州"跑出建设生态文明的贵州速度。另一方面，贵州立足本土丰富的矿产资源，锰、磷资源储量分别居全国第1位和第3位，省内三元前驱体出货量占全球市场的26%，高纯硫酸锰、电池用代汞缓蚀剂市场份额达到全国80%以上。贵州以新能源电池及材料产业为基础，打造从新能源电池、新能源材料到新能源汽车的全产业链，因而，贵州需要以"电动贵州"跑出"富矿精开"的贵州速度，贵州需要以"电动贵州"跑出新型工业化的贵州速度。归根到底，以"电动贵州"建设为抓手，加快新能源汽车产业高质量发展，就是要跑出贯彻新发展理念的"贵州速度"。为此，贵州进一步明确了"电动贵州"的目标，即到2026年，全省新能源汽车保有量达到70万辆，新能源汽车在新车销售中占比达到40%。全省充换电站设施规模、运营质量显著提升，建成充换电站 2300 座以上，充电桩 49 万个以上，其中公共充电桩 5 万个以上，充电服务能力达到 480 万千瓦。初步形成新能源汽车整车和动力电池等配套产业协同发展、充换电基础设施体系健全的新发展格局，推动新能源汽车逐步成为我省现代产业体系的重要支撑。

贵州翰凯斯 PIX 数字制造工厂（图源：《贵州日报》 张凌摄）

　　为更好的以"电动贵州"建设贯彻新发展理念，贵州多措并举，出台《加快新能源汽车产业高质量发展推进"电动贵州"建设的指导意见》，围绕加快新能源汽车推广应用，完善新能源汽车配套基础设施，营造新能源汽车推广良好环境，支持整车企业提升能力等重点领域为"电动贵州"加速度。重视支持整车企业加强科技创新，加大对新能源汽车的研发与技术创新支持力度，提升研发能力，推进创新平台建设。推动整车企业结合市场需求，加快新能源汽车迭代升级，丰富产品谱系，不断提升竞争力。加大对符合条件的重点整车企业投资项目或关键零部件项目的支持力度。贵州省工业和信息化发展专项资金对符合条件的项目按固定资产投资的 10% 给予补助，对产业带动性强的整车重大项目，按照"一事一议"原则给予支持。通过围绕建设"电动贵州"战略，着力在推动电池材料、动力电池到新能源汽车的全产业链集群发展方面下功夫，贵州新能源商用车、乘用车等项目取得新进展。从整车制造来看，奇瑞万达、吉利、忠辉重工等一批新能源汽车均拥有完整的汽车整车及核心零部件设计、研发、验证体系，并持续迸发出强劲创新能力。2023年，奇瑞新能源客车产销量超600台，产值达3.8亿元。忠辉重工2023年生产观光型车辆近2000辆，产量实现翻番。2023年前三季度，全省新能源汽车商品零售额同比增长74.7%；截至2023年12月22日，全省新能源汽车保有量达27.48万辆，较2022年增长11.53万辆，其中纯电动汽车保有量20.98万辆。面对"电动贵州"带来的产业兴旺，贵州进一步大力推进充换电基础设施建设，在2023年9月实现了1145个乡镇充电桩全覆盖，2024年计划新建充电桩6000个。贵州正在以建设"电动贵州"为驱动，跑出高质量发展的"贵州速度"。

（五）以"生态之绿"转变为"发展之绿"

习近平总书记指示，贵州要"守好发展和生态两条底线""在生态文明建设上出新绩""努力开创百姓富、生态美的多彩贵州新未来"，为贵州积极推进生态产业化与产业生态化指明了前进方向。近年来，贵州始终牢记嘱托，感恩奋进，"生态之绿"与"发展之绿"相得益彰、相辅相成。通过牢牢守好发展和生态两条底线，推动高质量发展和高水平生态协同共进，"绿色"已然成为推动高质量发展的重要新动能，发展为"绿色"的可持续创造坚实基础。

一方面，坚持产业生态化。贵州紧紧围绕"六大产业基地"建设，不断深化生态领域"放管服"改革与环境影响"预评估"，优化建设项目环评审批服务。出台完善工业、能源等领域碳达峰实施方案，探索开展"重点排放单位二氧化碳排放污染生态补偿"试点，积极推进绿色低碳科技创新和数字化治理，实现生态要素转为生产要素、生态优势变为发展优势。2023年贵州产业生态化成效显著。贵州省印发《贵州省能源领域碳达峰实施方案》《贵州省工业领域碳达峰实施方案》，聚焦"发展绿"制定出台助推全省经济高质量发展具体措施，建立4158个重大项目环评服务清单，对5069个项目开展预评估，审批建设项目环评文件2235个、涉环保投资108.75亿元。工业经济全面加快绿色转型，先后对10家水泥企业实施超低排放改造，19家企业开展挥发性有机物污染治理，积极攻破磷石膏、赤泥、电解锰渣等减量化、无害化处置和综合利用技术。全省新增创建国家级绿色工厂35家、绿色工业园区4个；绿色能源在发电量中占比越来越大，完成480万千瓦现役煤电机组改造升级；新增和更新的城市公交车、出租车中，新能源汽车占比分别达100%、97.4%；单位地区生产总值能耗降幅居全国前列，2021年至2022年我省能耗强度累计下降5.5%、2023年前三季度下降3.7%，以较小的资源消耗实现了更大的经济价值。

开阳县胜泽威"钛-磷-硫-铁-钙"资源循环利用新材料项目

（图源：《贵州日报》）

另一方面，坚持生态产业化。近年来，贵州坚持探索生态产业化的"贵州实践"之路。贵州全省9个市（州）均成立生态文明示范创建组织机构，制定创建规划。贵阳市、遵义市和毕节市编制了市级创建规划。形成了生态修复、生态农业、生态旅游、生态工业、生态金融、生态补偿等多种实践模式。以"降碳"为抓手，探索生态产品的价值实现路径，2023年，完成38家发电行业企业碳排放核查与配额核算工作。探索开展"重点排放单位二氧化碳排放污染生态补偿"试点，15家火电企业完成协议签订、涉及购碳金额192万元。下达省级专项资金1950万元，支持各地开展低碳社区、乡村、学校等低碳试点项目36个。贵州作为"世界抹茶超级工厂"，拥有年产能 1 万吨的欧陆大宗茶生产线，抹茶出口量位居全国第一、全球第三。赤水依托丰富的竹林资源，积极响应国家"以竹代塑"倡议，围绕"以竹代塑""以竹代钢""以竹代木""以竹代粮"等 4 个大类，培育竹类加工企业近 300 家。2023 年贵阳贵安林下经济利用林地总面积 138.76 万亩，产值 66.89 亿元；结合优质避暑资源，策划推出特色旅游路线和玩法，打造桃源河户外运动基地等一批"旅游+生态"项目；累计认证绿色农产品 126 个、有机食品 52 个、地理性标志产品 19 个。花溪区引导金融机构抢抓"碳中和碳达峰"机遇，实施绿色信贷战略，贷款余额超 45 亿元；江口县通过筑牢绿色生态屏障，生态产品价值实现方式逐渐清晰，梵净抹茶、健康饮用水 2 个主导产业向 10 亿级企业发展。

泰盛（贵州）集团的竹浆原纸生产线（图源：《贵州日报》 杨柳摄）

2023 年，贵州在积极推进生态产业化与产业生态化上成效显著。贵州中心城市环境空气质量平均优良天数比例达 98.6%，全省十年累计植树 6.05 亿株，森林覆盖率持续提升、生态环境全面向好。主要河流出境断面水质优良率保持100%，森林覆盖率达63%，2023年贵州国家生态文明试验区建设31项改革经验被列为国家改革成果案例；《贵州省林业碳票登记及交易管理规则（试行）》印发；贵州与云南、四川共同实施第二轮赤水河流域横向生态保护补偿；探索开展生态产品价值实现机制试点、林业碳汇（碳票）试点；生态产品交易中心挂牌。创新举办生态文明贵阳国际论坛，进一步扩大论坛品牌优势，使其成为对外展示贵州乃至中国生态文明建设"发展之绿"成果的一个重要窗口。通过积极推进生态产业化与产业生态化"比翼齐飞"，厚植了生态底色，提升了发展成色。在产业生态化与生态产业化的互动之间，贵州实现了青山常在、绿水长流、空气常新、土壤常净。2023年，贵州绿色经济占比达46%左右，真正实现了从"生态之绿"向"发展之绿"转化。

（六）以变汇（票）为"宝"探索"两山"转化路径

如何将绿水青山转化为金山银山？近年来，贵州有关林业碳汇的"两山"转化实践给出了答案，变碳汇、碳票为"宝"正成为一条有效实现"两山"转化的"金路子"。碳汇主要是指森林吸收并储存二氧化碳的多少，或者说是森林吸收并储存二氧化碳的能力。碳票是林地林木碳减排量收益权的凭证，是以森林的固碳释氧功能作为资产交易的证明。2023年，贵州全省已开发林业碳票13张，完成林业碳汇银行授信5.08亿元、放款1.86亿元，实现交易金额524.8万元。全省林业碳汇（碳票）项目签约面积922万亩，开发面积57万亩。以林业碳汇、碳票助力"两山"转化正在逐渐成为现实。

自2022年黔西市颁发了贵州第一张林业碳票以来，贵州省在全省范围内铺开首批林业碳汇交易试点县，发展林业碳汇，唤醒沉睡的森林资源，使青山成为金山银山正成为"两山"转化实践的趋势与"潮流"。通过"林权+碳汇"的金融服务创新，将金融业务与绿色资源禀赋相结合，2023年1月29日，贵阳银行黔东南分行向剑河新盛林投公司投放黔东南州第一笔林权抵押贷款，授信3700万元。贵州银行黔南分行先后为平塘县、贵定县的林业企业办理林权抵押贷款13300万元，创新采用"林权+碳汇"融资模式，成功落地林权抵押贷款，首期投放6800万元，用于支付项目所在地林地流转、林木收储等款项，共盘活林地2万余亩，有效促进当地农民

毕节市赫章县海雀村国家储备林项目基地（图源：贵州图片库　李学友摄）

增加林业经营收入。此外，贵州省还积极实施单株碳汇项目，据统计，2023年已完成9个市（州）33个县724个村11793户项目开发，开发碳汇4.69万吨，共计交易金额1300余万元，户均增收1117元。

以林业碳汇、碳票助力"两山"转化需要好政策，需要好示范，贵州在省级层面先后出台《关于鼓励和支持社会资本参与生态保护修复的实施意见》《贵州省林业碳汇高质量发展行动方案》《省林业局关于加强上下联动共同探索林业碳汇健康有序发展的通知》《贵州森林碳汇计量监测技术指南（试行）》《贵州省林业碳票登记及交易管理规则（试行）》等政策保障实施林业碳汇、碳票"两山"转化。2023年3月10日，在剑河县岑松镇温泉村设立全国首个"司法碳汇助推乡村振兴实践基地"。该基地具备检察机关生态司法宣传教育与服务"两山"转化双重功能，为破坏生态环境资源的当事人认购碳汇提供了司法实践场所。以林业碳汇、碳票助力"两山"转化还需科技支撑，贵州印发实施《贵州省科技支撑碳达峰碳中和实施方案》，以林业碳汇领域的科学研究助力"两山"转化，2023年立项实施"基于生态系统功能稳定性调控喀斯特次生林稳定增汇的关键技术研究""贵州省林业固碳能力及碳汇监测研究"等科技支撑计划项目，并将"高效益高碳汇价值树种的筛选与示范"纳入2024年度贵州省科技支撑计划项目申报指南。

(七) 以飞扬的"红飘带"打造创新红色文旅新 IP

贵州红色文化资源遍布全省，红色文化底蕴深厚。以创新打造红飘带为代表的文旅"IP"，充分开发贵州丰富的红色文化资源。2019 年，贵州被确定为长征国家文化公园重点建设区，贵州决定在贵阳启动红飘带项目。红飘带作为长征国家文化公园贵州重点建设区的标志性、引领性工程，开启了贵州红色旅游的新业态。红飘带作为全国第一个以长征为主题的全域沉浸式数字科技体验馆，贵州深刻把握"数字化+文旅"的旅游产业化发展趋势。围绕构建数字化文旅业态、营造智能化体验空间、研发创意化消费产品、形成新型化运维思路，将为文旅行业发展注入新活力、新动能。以数字化赋能，开发丰富的红色文化资源，探索"数字化+红色文化资源"打造文旅新"IP"的红色旅游新业态模式。在尊重史实的基础上，贵州通过运用国内外最前沿的数字技术和声光电设备，推动长征文化和旅游、科技融合发展，"用中国科技美学，打造地球的红飘带"，创新呈

"红飘带"数字体验馆（图源：新华社记者胡智轩摄）

现长征文化、更好弘扬长征精神。

红飘带以"数字化+红色文化资源"向世界创新讲述了长征的故事。整个场馆占地面积达80亩，展馆的外部结构以鲜艳的红飘带为设计灵感进行建造，建筑形体的设计主题则是以"中央红军长征线路图"为基础，形似起伏灵动的红飘带。场馆由"红飘带·伟大征程"和"红飘带·多彩飞越"两个部分组成，贵州首个8K电影级巨型LED球幕飞行影院坐落其中演绎同名剧目。其中《红飘带·伟大征程》由6个篇章构成，以无名英雄、血火洗礼、伟大转折、砥砺征途、胜利丰碑、新时代新长征为主题，层层递进，以多重叙事角度，以数字化全景再现长征的伟大史诗。而在《红飘带·多彩飞越》里，观众乘坐悬挂动感座椅，以唯美意境加上全景声场、体感特效，让人震撼领略多彩贵州，沉浸式体验"飞跃"贵州最具代表性的19个景点的四季变换、人文风物。以红飘带为代表的"数字化+红色文化资源"打造的文旅新"IP"，实现了从更高、更新的维度对数字文旅产业发展进行思考、创新和实践探索，打造了贵州构建红色旅游新业态，塑造了红色文化资源与数字经济融合发

《红飘带·伟大征程》演出现场（图源：《贵州日报》）

展的新样板，引领贵州乃至全国长征文旅品牌实现了整体升级，成为全国红色文化旅游及贵州闪耀世界的新名片。

课题组名单：
黄朝椿：贵州省社会科学院党委书记
张学立：贵州省社会科学院原院长、二级教授
易星同：贵州省社会科学院马克思主义研究所副研究员
秦治遥：贵州省社会科学院智库工作处副科长

四轮驱动强省会

——2023年贵阳贵安围绕"四新"主攻"四化"报告

一、2023年"四新""四化"成绩单

2023年是全面贯彻党的二十大精神的开局之年。贵阳贵安深入学习贯彻习近平总书记视察贵州重要讲话精神，坚决落实省委"一二三四"工作思路，全力实施"强省会"行动，更好地推动新型工业化、新型城镇化、农业现代化、旅游产业化"四个轮子一起转"，努力把贵阳贵安建设成为围绕"四新"主攻"四化"的排头兵、引领全省高质量发展的火车头、西南地区更具影响力的重要增长极。

乡村振兴全面推进——

2023年初，贵阳市委农村工作会议召开，出台《中共贵阳市委 贵阳市人民政府关于做好2023年全面推进乡村振兴重点工作的实施意见》，以"555544"工作思路为主线，紧紧围绕全面推进乡村振兴必须守牢的底线、迫切需要解决的问题，对全年"三农"工作作出部署。

一年来，贵阳贵安围绕乡村振兴"5555443"工作思路，聚焦乡村产业、乡村建设、乡村治理，加快推进农业农村现代化，筑牢"三农"压舱石、守好"三农"稳定器。稳农护农的政策更加有力，农林牧渔业总产值增长4.2%，全年完成粮食种植135.66万亩、产量42.96万吨，实现产量、单产"双增加"，玉米最高亩产首次突破黔中地区玉米单产千公斤历史纪

录，龙宝村示范田"泰丰优 79"亩产创造全省优质稻自育品种高产新纪录。助农兴农的基础更加坚实，认定市级特色专业乡镇 12 个、"一村一品"示范村 164 个，主要涉农乡镇龙头企业联结发展全覆盖；2 家企业入选中国农业企业 500 强，新型经营主体经营面达 50%。富农惠农的成效更加明显，全市农村常住居民人均可支配收入达 23640 元（同比增长 7.8%），绝对值和增加值保持全省第一；亩均收入基本实现"10000 元、6000 元、7000 元"目标，村集体经营性收入 5 万元以下薄弱村全面消除；农村"五治"成效明显，闲置农房盘活力度大，农村生活污水治理率稳步提升，黑臭水体保持动态清零，30 户以上自然村庄生活垃圾收运处置体系实现全覆盖，农村卫生厕所普及、"红黑榜"实现行政村全覆盖，滥办酒席等不良风气得到有效遏制，文明乡风逐步形成。

数字经济升级提效——

2023 年，贵阳贵安聚焦算力、赋能、产业三个关键，加快建设数字经济发展创新区核心区，数字经济发展取得新成效。

"数字活市"一个战略纵深推进。2023 年，贵阳贵安数字经济增加值占地区生产总值比重超过 50%，达到 2500 亿元以上，数字经济成为引领经济高质量发展的重要引擎。"一硬一软"两大产业持续壮大。2023 年，贵阳贵安软件和信息技术服务业收入达 832.55 亿元、同比增长 20.6%；电子信息制造业总产值为 340 亿元，同比增长近 30%。数据"存、算、用"三大环节全面发力，贵阳贵安投运、在建、签约待建大型及以上数据（算力）中心 21 个，已建成投运华为、腾讯、苹果、三大运营商等超大型数据中心 7 个，建成标准机架 13.7 万架，服务器承载规模达 137 万台，上电服务器 81.1 万台。贵阳贵安互联网骨干直联点网间带宽扩容至 700Gbps，与全国 38 座城市实现网络直达，互联网出省带宽达到 4.53 万 Gbps，5G 基站累计达到 2.76 万个。"万企融合"大赋能行动稳步推进，全年建成融合示范项目 211 个，大数据与实体经济融合水平发展指数预计达 56 以上。"一会一所一城一中心"四个品牌持续彰显，"一会"数博会作为全球首个以大数据为主题的国家级博览会已成功举办 9 届；"一所"贵阳大数据交易所汇聚数据商 777 家，数据中介 79 家，上架数据产品 1523 个，2023 年交易额 21.53 亿元。"一城"贵阳大数据科创城累计注册企业 818 家，注册资金580.8亿元。"一中心"国家大数据（贵州）综合试验区交流体验中心围绕传播、展示、体验、教育"四个中心"的功能定位完成优化升级。

生态文明建设再创新绩——

2023年，贵阳贵安坚持生态优先、绿色发展，努力打好"生态牌"、走好"绿色路"、绘好"美丽卷"，加快在生态文明建设上出新绩。

2023年，贵阳贵安持续健全完善生态制度体系，相继印发出台《贵阳市国家生态文明建设示范区规划（2023—2035年）》《贵阳贵安以绿色经济为引领推动经济社会高质量发展的实施方案》《贵阳市深入打好蓝天保卫战攻坚方案》《贵阳市2023年空气质量保障方案》。

2023年，贵阳市环境空气质量优良天数比例99.5%；贵阳市、清镇市获评"国家生态文明建设示范区"；南明河入选生态环境部第二批美丽河湖优秀案例；阿哈湖国家湿地公园入选首批国家林草科普基地；全面完成80个村省级农村环境整治、80个村省级农村生活污水治理任务，以及71个村市级农村"治水"任务；全市实现国省控断面水质达标率、优良率，县级以上集中式饮用水水源地水质达标率，地下水国考点位水质达标率，重点建设用地安全利用率，工业固废处置利用率，医疗废物无害化处置率"7个100%"；"贵州生态产品交易中心"累计交易森林碳票交易89单，签约金额742.97万元；全市新增国家级绿色工厂14个、国家级绿色园区2个、国家级绿色供应链管理企业1个。

工业支撑作用持续显现——

2023年，贵阳贵安大力推进"工业强市"发展战略，扎实推动工业经济高质量发展，以"强工业"有力支撑"强省会"。

工业支撑作用持续显现，规模以上工业增加值同比增长9.6%，创近6年来新高。工业产业结构持续优化，七大产业加速集聚、链式发展，总产值同比增长10.5%，战略性新兴产业占规模以上工业总产值比重达32.7%。工业产能加速升级，新开工亿元以上项目79个、建成57个，工业投资占固定资产投资比重较2022年提高2.9个百分点、达27.4%，工业技改投资同比增长37.8%。产业园区加快建强，完成11个重点企业电力设施建设，"园区事园区办" 48 项基础事项全面落地。

文旅产业强劲复苏——

2023 年，贵阳贵安文旅产业强劲复苏。全年累计接待游客 1.47 亿人次，旅游收入 1950.5 亿元，接待过夜游客 3120.3 万人次，游客人均花费 1325 元，各项文旅主要指标均已超过 2019 年水平。

顶层设计更加优化，2023 年，贵阳市充分发挥《贵阳市全域旅游发展规划（2019—2030)》等规划的引领作用，组织编制《贵阳贵安一核三心多组团文化旅游规划》《贵阳贵安旅游业高质量发展专项规划》，完成"十四五"文化旅游规划中期评估。新业态新玩法更加丰富，烟火季、赏花季、主客共享季、避暑季、温泉季，唱响了路边音乐会、舞动了全国广场舞、玩转了景区剧本杀，既可以走在"日落、杓风、繁花景"里享受生态红利，又可以沉浸在"潮玩、市集、生活节"里体会城市发展。2023 年，贵阳贵安凭借各种"玩法"出圈，相继入选上榜"2023 避暑旅游优选地"、中国"大美之城"等榜单。"旅游+"激发市场活力，2023 年，贵阳市新增签约文旅项目 106 个，新增签约合同投资额 132.7 亿元，而围绕温泉康养、酒店民宿、景区开发、文旅综合体四大板块，贵阳目前储备优质文旅项目 95 个，全年新增限上住宿业 25 家、文化体育和娱乐业 9 家、旅行社 3 家，全市旅游及相关产业规上（限上）企业达 1127 户。

二、2023 年特色亮点展示台

案例一

5G 智慧工厂赋能——小面包做成了大产业

近 200 家直营店面，营销网络覆盖至全省各州、市及重庆部分重点商圈……用 20 年的时间，贵阳高新惠诚食品有限公司从一家小小的"蛋糕店"成长为全国知名烘焙连锁品牌。

2023 年，在 5G 智慧工厂的加持之下，企业再上新台阶。如今已经成为拥有 6 万多平方米标准化厂房、6 条现代化生产线和高效的物流配送体系，集研发、生产、销售为一体的大型现代化烘焙食品企业，一年能销售2000吨烘焙糕点，年销售额达2.5亿元。

走进位于惠诚火石坡特色食品工业园区的5G智慧工厂，6台智能AGV机器人正在分拣仓库内忙碌着，它们按照各种原材料生产日期的先后顺序，有序、流畅地搬运到仓库的货架上。在收到从生产车间发来的送货"指令"后，智能机器人们还能按照原材料"先进先出"的顺序，将生产原材料第一时间配送到车间。而在智慧工厂的报损识别处，临期的糕点被工作人员放入AI报损系统下后，产品种类、数量等信息就会自动识别在显示屏上并记录，最终进行统一报损处理。

惠诚5G智慧工厂内，智能化物流车正在运送物料（图源：《贵阳日报》）

"以前，我们的进货、出货、盘点、报损都是人工操作，大概需要30余名工作人员。随着规模扩大，人员不够的同时流动性还大。同时，生产管理上大多依靠管理人员的主观意识，难免有时候会出错。"贵阳高新惠诚食品有限公司副总经理徐晓艳说，为了让顾客吃得更放心，惠诚与中国电信合作引入AI、互联网+等技术，联合打造5G智慧工厂，不仅降低了劳动成本，还极大地降低了原材料的损耗以及成本。

"惠诚很早就实现了半自动化的生产，在工业制造这方面也一直走在同行前列。从最早期整线引进国外先进生产线，再到现在自主与相关企业设计规划建设智能工厂，目前公司的惠诚5G智慧工厂和惠诚食品生产线及仓储智能化改造已陆续投入使用。徐晓燕说，"十四五"时期，惠诚食品预计投入 7000 万元，力争实现自动化向智能化的转型升级。

案例二

南明河治理入选全国优秀案例

2023 年 10 月，生态环境部公布的第二批 38 个美丽河湖优秀案例中，贵阳南明河作为贵州唯一案例入选，也是贵州省首次入选全国美丽河湖优秀案例。

本次入选的贵阳南明河属长江流域乌江水系，是长江上游重要的生态屏障，也是贵阳人民的母亲河。

在 20 世纪 70 年代前，南明河一直是直接饮用水源，随着经济社会发展，城市人口增多，污水排放量大幅度增加，水质一度变成劣 V 类。

对此，贵阳市委市政府高度重视，全力推动南明河治理重大工程，以工程促整改，创造了喀斯特地区流域综合整治的贵阳经验。

贵阳积极探索新技术支撑重大工程实施，提出"适度集中、就地处理、就近回用"治理理念，形成"分布式下沉再生水生态系统"技术体系，破解山地城市污水处理设施建设用地难题。

阳光明媚的春日下，清澈河水蜿蜒流淌的南明河（图源：《贵阳日报》）

经历了从"因水而忧"到"因水而优"的艰难历程，南明河综合治理创造了喀斯特地区流域综合整治的有效经验和多项全国第一：全国第一个喀斯特地貌下创造并成功实现分段式污水治理思路的城市；全国第一个建设分布式下沉污水处理生态系统的城市；全国第一个水环境治理领域先行先试PPP模式的城市；全国第一个在城市内河治理实践中首次提出并使用浅层好氧生态河道治理技术的城市。

中国水环境集团贵州业务区工程师刘松说："我们创新性地推出了分布式下沉再生水生态系统技术体系，在南明河沿线一共建设了34座再生水厂，其中有17座是下沉式建设，这种下沉式的建设，不仅大量的节约了我们的土地资源，生产的高品质尾水也对南明河有限的生态基流进行了很好的一个补充。"

如今，经过治理后的南明河，干流沉水植物覆盖率达到80%，河流自然岸线占比达到90%，生态流量达标率100%。沉水植物覆盖率从治理前的15%提高到80%，鱼类恢复到22种，发现底栖动物49种、湿地植物140种、藻类163种，实现了"有河有水、有水有鱼、有鱼有草"的水环境治理目标。

案例三

"龙宝种粮"模式——探索丰产增收新"稻"路

"2023年水稻亩均产量达652.11公斤，较上年提升6.9%，测算亩均效益达到2608元。"2023年秋收之际，贵安新区高峰镇龙宝大坝示范田传来喜讯。

龙宝村是贵安新区的主要产粮区，多年来亩产量均未超过500千克。2022年，龙宝村开始建设千余亩示范田，省农业科学院水稻研究所、贵阳市农业农村局等单位派出骨干技术团队并提供机械支持，紧紧围绕"种什么""谁来种""怎么种""种得怎么样"四个问题和"优种、机械化、组织方式、改革创新、实际成效"五个示范，以提升"三大收入"为抓手，以农业现代化、机械化为路径，以市场化为导向，构建种粮利益联结机制，总结出"龙宝种粮"模式。

龙宝大坝水稻丰收（图源：《贵阳日报》）

龙宝村村民没有想到，长期靠人力耕种的田地，有一天也会走上农业现代化之路。2023年，"龙宝种粮"模式在龙宝大坝进行实践验证示范，示范种植面积为1056亩，其中，以"稻谷托管"方式种植463亩、以"农事管家"方式种植593亩。在农业科技的支撑下，丰收的结果令人欣喜，其中"泰丰优79"优质稻自育品种最高亩产达到939.4千克，在贵阳高海拔地区首次突破900千克。

"龙宝种粮"的成效是贵阳贵安守牢粮食安全底线、提高粮食单产水平、增强粮食生产和供给能力的有效实践。2023年12月1日，贵阳贵安"龙宝种粮"模式研讨座谈会在贵阳举行，围绕"龙宝种粮"模式进行深入交流研讨。与会专家一致认为，"龙宝种粮"模式在优化传统种植方式的基础上，创新提出"五个示范"，探索"稻谷托管""农事管家"等，生产成本有效降低，粮食产量大幅提升，农民收入、经营主体收入、村集体收入都得到增加，为全省各地守牢粮食安全底线提供了有效的参考和借鉴，具有很强的示范引领和推广价值，可结合各地具体实际情况在全省范围示范推广、大力推广。

贵阳市农业农村局、贵安新区统筹城乡发展局有关负责人表示，下一步，将持续推进"龙宝种粮"模式实践，并根据贵阳贵安实际情况不断进行调整和优化，确保实现可复制、可推广，逐步在贵阳贵安扩大模式运用范围，坚决落实粮食安全党政同责要求，守牢粮食安全底线，提高粮食单产水平，增强粮食生产和供给能力。

案例四

贵州轮胎：向着高端化智能化绿色化"前进"

地面上几十台自动物流小车穿梭其间，头顶上空中物流各行其道；机械手臂轮番操作，自动投料、缠绕、包布、热帖、装盘；物流机器人、龙门机械手和自动堆垛机有条不紊地将产品自动出库到备货区装车……走进位于修文县扎佐镇的贵州轮胎载重子午胎分公司生产车间，一幕幕智能化生产场景让笔者目不暇接。

贵州轮胎厂车间使用机械手臂实现精细操作（图源：《贵阳日报》）

这里是贵州首个5G全连接的智能工厂，通过引入智能AGV小车和智能物流系统，依托5G网络技术，实现全工序、全场景的无线工业互联及生产调度，提高了生产效率。产能也从年产220万套提高至2023年的300万套，以年产 300 万套计算，5G 智能工厂比传统制造工厂减少重体力岗位近300 人。

信息化技术的运用让贵州轮胎从"制造"走向了"智造"，同时，黑色轮胎也实现了绿色制造。

"我们以原料无害化、生产清洁化、废物资源化、能源低碳化为目标，致力于实现企业经济效益与社会效益的有机统一。"贵州轮胎信息部智能工业处处长方德云说，公司投入大量资金，相继完成生产线烟尘回收处理系统、除尘脱硫一体化改造、厂区污水处理站建设及升级改造、烟气集中收集项目等技改工程。同时，规划建设炭黑生产工厂实现炭黑尾气回收到锅炉燃烧循环利用，建设再生胶生产车间实现全钢胎废旧轮胎回收加工生产再生胶循环利用。方德云自豪地说，贵州轮胎已经把"绿色化"纳入公司发展战略规划，目前已获得"国家绿色工厂"认证、"工业产品绿色设计示范企业"称号、国家工业和信息化部绿色设计产品等殊荣。

在绿色发展理念的引领下，贵州轮胎作为国内民族品牌优秀代表之一，凭借雄厚的技术实力，不断研发出深受消费者喜爱的绿色、环保、节油、耐磨、高价值的产品。尤其是 3Prosuper 三超系列新产品，采用自主研发的新型材料、全新混炼工艺技术以及核心安全技术，成功解决了轮胎在安全性、耐磨性和节油性能方面的三大技术难题，以"超安全、超耐磨、超节油"的产品特性，赢得市场和用户的青睐。

始建于 1958 年的贵州轮胎，历经半个多世纪的发展，现已有贵阳扎佐厂区和越南前江厂区，产品也有了卡客车轮胎、工程机械轮胎、农业机械轮胎、工业车辆轮胎、特种轮胎共 5 大系列、3000 多个规格品种，产品远销 130 多个国家和地区。正如贵州轮胎的重点品牌一样，在新型工业化之路上，贵州轮胎正朝着高端化、智能化、绿色化不断"前进"。

案例五

青云市集：老城烟火让流量变"留量"

从废弃的老旧厂房蜕变为炙手可热的旅游新地标，青云市集不仅展现了城市更新的魅力，更成为展现贵阳旅游产业化高质量发展的缩影。从特区行政长官李家超的流连忘返，到《环球时报》特约评论员胡锡进的微博点赞，再到无数游客的体验贵阳夜生活的打卡地，青云市集凭借其独特的魅力，成功地让过客变成了常客，让流量变成了"留量"。

作为贵州首家一站式体验综合街区，青云市集巧妙地融合了传统与现代，历史与时尚。这里既有传统老字号的传承与坚守，如留一手烤鱼、华仔龙虾等，它们承载着贵阳人民的味觉记忆，又汇聚了贵阳老味道的代表，如水果豆花、香酥鸭、肠旺面等，让人们能够在这里品尝到地道的美食。同时，市集还积极引入潮流元素，如黑蚊篮球、喵内、二麻酒馆、电竞酒店等，为年轻人提供了潮流的聚集地，让传统与时尚在这里碰撞出别样的火花。

青云市集的成功并非偶然，其背后是精准的市场定位和不断地创新尝试。市集招商运营总监张凤兰表示："每个年龄层的消费者，都能在这里找到自己的消费场景。"正是这种全年龄段的定位，使得青云市集成了贵阳市民和外地游客新的"打卡点"，为城市的"夜经济"注入了新的活力。

春节期间，青云市集推出众多游玩项目，吸引众多市民游客（图源：《贵阳日报》）

据统计，自开业以来，青云市集的销售额和客流量均呈现出稳步增长的态势。特别是2023年，总销售额达到了3.96亿元，同比增长了120.16%，总客流量也达到了1199万人次，同比增长了148.82%。这些数字不仅证明了青云市集的吸引力，也显示了其在市场中的竞争力。

而青云市集的成功，不仅仅体现在数字上。从年初的汉服巡游、百姓新春年货节，到年末的贵阳市路边音乐会，市集的活动丰富多彩，为市民和游客提供了丰富的文化体验。这些活动不仅提升了市集的知名度，也增强了市民和游客的黏性，使得他们更愿意在这里停留，成为真正的"留量"。

如今的青云市集，已经成为贵州省首家集贵州特色餐饮小吃、酒吧娱乐、电竞网咖、文创体验、青少年运动体验等一站式体验综合街区。未来，随着市场的不断变化和消费者需求的升级，青云市集将继续创新，为市民和游客带来更多的惊喜和体验。

在青云市集的烟火气中，我们看到了传统与现代的融合，看到了历史与时尚的碰撞。这里不仅是一个购物的场所，更是一个文化的交流平台，一个让人流连忘返的地方。相信在未来的日子里，青云市集将继续发挥其独特的魅力，吸引更多的游客前来打卡，让"流量"持续转化为"留量"。

课题组名单：
耿敬涛　《贵阳日报》传媒集团采编中心执行总监
杨丰源　《贵阳日报》传媒集团时政新闻部主任
周小游　《贵阳日报》传媒集团民生新闻部主任

红色之城绘新卷

——2023年遵义围绕"四新"主攻"四化"报告

一、2023年"四新""四化"成绩单

2021年习近平总书记第二次亲临贵州视察，再度为贵州发展擘画新蓝图、明确新方位。同年，省委、省政府向全省发出"围绕'四新'抓'四化'"的奋斗号令。

全市党员干部闻令而动，积极抢抓新国发2号文件重大机遇，坚持以高质量发展统揽全局，以围绕"四新"为主目标，紧扣"四化"为主抓手，大力推动新型工业化、新型城镇化、农业现代化、旅游产业化，展示了遵义人的精神和气魄。

日月其迈，时盛岁新。翻开遵义围绕"四新"主攻"四化"工作画卷，硕果累累——工业经济向稳向好，现代化工业产业体系逐步构建；"一圈三带多点"空间布局，以人为核心的新型城镇化现雏形；"六大提升行动"和"四增行动"双管齐下，农业发展扎实推进；"两提升""三要素""四行动"，遵义打造世界知名旅游城市蒸蒸日上。

新型工业化迈新步

遵义市坚持以高质量发展统揽全局，坚定工业强市战略不动摇，以开发区建设为主平台，以产业集群化发展为主抓手，积极推进"五大工业基地"建设、"十大工业产业"发展、重点工业项目建设，不断构建现代化工业产业体系，全力推动新型工业化高质量发展。

奋进高质量发展新征程

——贵州围绕「四新」主攻「四化」年度报告（2023）

赤水河两岸美酒飘香（图源：遵义市新闻传媒中心 吴凡摄）

坚持大抓产业主攻工业，发展质效稳步提升。重点产业支撑有力。聚焦"六大产业基地"建设，提质改造白酒企业995家，规模以上白酒企业达149户，实现白酒产值1264.8亿元，以茅台为引领的白酒企业品牌舰队逐渐成型。市场主体不断壮大，园区发展提质增效。认定国家高新技术企业100家，园区亩均产值达328.4万元。

坚持项目引领全力攻坚，投资结构不断优化。产业投资逐步扩大。茅台、习酒等技改扩能和长岭特钢技改、页岩气勘探开发等一批重点产业项目有序推进；大力实施停缓建项目盘活处置攻坚行动，成功复工和处置停缓建项目454个。重点工程有序推进。建成农村公路安防工程1113.5公里，改造危桥31座；贵州水运集装箱余庆沙湾码头成功首航。

新型城镇化走新路

构建"一圈三带多点"城镇发展空间布局，加快推动以人为核心的新型城镇化是推动新型城镇化的关键。2023年，遵义市各级各部门围绕优化城镇体系、提升城镇品质、做强城镇经济、提升城镇治理效能、推进城乡融合、强化工作保障等重点任务，全力推进新型城镇化各项工作取得新进展。

正安县瑞濠街道移民安置区（图源：遵义市新闻传媒中心　胡志刚摄）

城镇规划体系逐步完善。编制印发了《遵义市新型城镇化三年行动方案》《遵义市国土空间总体规划（2021—2035年）》，加快县城基础设施补短板，推动农业转移人口市民化。实施新型城镇化省、市重点项目287个，完成棚户区改造4.9万户；建成公租房4747套（间），保障性租赁住房1089套（间），发放租赁补贴16408户。

城镇治理成效提升。推进政务服务更大范围"一网通办"，贵州政务服务网已实现市县乡村四级全覆盖。持续提升社区治理能力，已接入智慧安防小区平台系统506个。打造城市便民生活圈，推动22个一刻钟便民生活圈建设。

城乡融合稳步推进，提高城乡居民收入。增加城镇新增就业，推动农业转移人口市民化，全年农村居民人均可支配收入增长8.2%，办理流动人口落户城镇20056人次。

农业现代化开新局

2023年，遵义市围绕农业改革创新提质增效"六大提升行动"和农民增收"四增行动"，扎实推进农业发展。全面完成37个省级和市级田园乡村集成示范点建设，茶叶、辣椒、红粱种植面积稳居全省前列，林下经济全产业链产值达 95 亿元。

播州区三合镇辣椒加工（图源：遵义市新闻传媒中心　胡博摄）

特色产业发展稳步推进。在保障粮食种植面积任务落实的前提下，统筹处理粮用地矛盾，因地制宜实施特色优势产业提质增效、生态养殖扩群增量提升行动。

推动实施农业科技赋能。开展水稻、玉米、高粱、辣椒等作物品种选育，持续开展创新创业行动基础性示范服务和"揭榜挂帅"，推广"两增一调""一增五改""两增一防"等高效栽培技术，全市主要粮油作物高产高效技术覆盖率90%以上，2023年全市粮食单产全省排名提升2位。

农业基础进一步夯实。落实"六方会审"，推进高标准农田建设，实施长江面源污染防治整县推进项目5个，大力推进农村厕所革命，持续开展长江"十年禁渔"，农业基础进一步夯实。全市累计建成高标准农田333.32万亩，新改建农村户用卫生厕所23973户。

绥阳县机械化收粮（图源：绥阳县融媒体中心　李艳摄）

旅游产业化谱新篇

作为贵州旅游热门城市之一，遵义市非常重视文化旅游市场的宣传推介。"红色文化"是遵义打造旅游品牌的基础，通过市场引流、媒体营销等方式，"红色圣地·醉美遵义"旅游品牌声名远播。

2023年，遵义市文旅系统紧盯"两大提升"，聚焦"三大要素"，实施"四大行动"，推进遵义打造世界知名旅游城市、赤水打造世界级旅游景区。

市场主体更显活力。重点在政策支持、行业整合、智慧旅游、文化培训、景区运营、营销引流等方面支持长征文旅集团做大做强，实现营收19655.92万元。

业态产品更加丰富。聚焦全省"9+2+2"特意性资源，制定实施赤水丹霞5A级景区、赤水河谷国家级旅游度假区三年提升行动方案及年度计划，打造16个"爆款"业态场景及164个常规业态场景。依托酒店和民宿挖掘业态，推进打造20个以"住"为核心、多业态融合发展的旅游生

赤水佛光岩景区（图源：赤水市政协退休干部　洪开第摄）

态圈。丰富红色景区消费业态，在苟坝会议会址、娄山关、四渡赤水纪念馆等红色景区打造30多个业态项目。

　　服务质量更为优化。改选市旅游行业协会，成立市文化培训协会、遵义旅游产业联盟；在遵义会议会址、乌江寨等重点景区设置遵义旅游展示服务平台13个。

　　项目实施更有成效。实施旅游产业化重点项目24个，完成投资20.28亿元。按照"六个一批"盘活处置路径，推进全市49个文化旅游类停缓建项目盘活处置。

二、2023年特色亮点展示台

新型工业化案例

创新为魂　技术为剑　引领行业新发展

机器轰鸣声声不息，数名工人有条不紊地进行操作，遵义市飞宇电子有限公司（以下简称飞宇电子）厂房内，满是一片忙碌的景象。

遵义航天工业产业园区鸟瞰（图源：遵义市新闻传媒中心）

作为航空微型电连接器工程技术研究中心（遵义市唯一）、专精特新"小巨人"企业，飞宇电子自建研发机构2个，申请发明专利12项，先后同多所高校、科研院所建立项目合作。公司通过走"专精特新"发展道路，实现了从渠道市场贴牌生产到自销市场直接对接客户的成功转型，产值从2017年的3000余万元增长到2023年的2亿元。

将视线转移到汇川区，贵州珍酒酿酒有限公司（以下简称贵州珍酒）从打造绿色化原料种植基地，到推动包材绿色环保化；从推动清洁能源改造，到借助数字化技术降低能耗；从推出环保极简的高端光瓶酒系列产品，到发布ESG（注重环境保护、社会责任和公司治理）环保礼盒，通过长期的绿色发展实践和创新，不仅实现了"厂房集约化、原料无害化、生产洁净化、废物资源化、能源低碳化"的绿色发展目标，更成为贵州白酒行业的绿色发展标杆企业。

贵州珍酒赵家沟生态酿酒区（图源：汇川区融媒体中心）

飞宇电子是遵义市贯彻落实习近平总书记关于"培育一批'专精特新'中小企业""激发涌现更多专精特新中小企业"重要指示精神的生动缩影；贵州珍酒是遵义主动拥抱绿色变革，打造低碳竞争力的有力证明。

近年来，通过制定《遵义市"专精特新"中小企业培育实施方案》，建立国家、省、市、县四级培育机制，通过逐级建库、层层培育，大力支持全市中小企业走"专业化、精细化、特色化、创新型"发展道路，优质中小企业梯度培育取得积极成效。目前，全市培育创新性中小企业99家、"专精特新"中小企业117家、专精特新"小巨人"企业18家。

同时，通过政府搭台，深入推动工业绿色化转型，企业也不断在打造绿色工厂、绿色园区、绿色供应链，工业经济发展的绿色转型在不断加快提升，践行"绿水青山就是金山银山"理念，推动工业企业用能清洁化、生产绿色化、排放低碳化，前瞻性布局领航制造业绿色低碳转型和高质量

贵州中航电梯有限责任公司生产车间（图源：汇川区融媒体中心）

发展。遵义"绿"产业一派生机盎然。截至目前，遵义获第六批国家级绿色工厂累计8家、国家级绿色工业园区1家（习水经开区）、绿色供应链企业1家（中航电梯被评为国家级）。

工业企业创新取得新成效、绿色制造体系取得新成效、数字化转型取得新成效、开发区建设取得新成效、充电设施建设取得新成效。每一个新成效都展现了遵义新型工业化坚实前进的步伐。

新型城镇化案例

以人为核心　城市"更新"不停

在道真自治县尹珍街道新兴社区棚改区，21栋新楼拔地而起，为搬迁群众提供温暖港湾，进一步改善道真城区整体面貌和人居环境。

在绥阳县粮食局家属区老旧小区，地下雨污分流管道的铺设已经改造完成，干净整洁的小区环境让居民脸上喜气洋洋。

在汇川区董公寺街道，7条背街小巷改造路段进行改造，原本的背街小巷打造成家门口的靓丽"风景线"，大大提升周边居民幸福感。

在红花岗区老城街道玉屏巷，干净的青石板路面与白色围墙立面互相呼应，旧时文韵与清幽小巷交叠，让人眼前一亮。

……

这是遵义市加快推进新型城镇化，实施城市更新行动，大力推进城镇

汇川区大连路街道贵阳路社区红光小区改造后新貌（图源：汇川区融媒体中心）

"四改"，不断提升城镇居住品质、基础设施品质、公共服务品质和生态环境品质的生动缩影。

近年来，遵义市各地深入推进以人为核心的山地特色新型城镇化，营造

红花岗区深溪古镇民居（图源：遵义市新闻媒体中心）

优美人居环境，持续提升人民群众生活幸福感。坚持把棚户区改造、老旧小区改造、背街小巷改造、城镇地下管网改造作为改善城市面貌、提升城市品质的重要载体，先后出台了《遵义市新型城镇化"三改"工作实施方案》《遵义市城市更新行动实施方案》等文件，全力推动新型城镇化建设。2023年遵义市城镇棚户区改造任务300户全部开工，完成存量未建成棚改任务47138户；超额完成背街小巷改造56条，超额完成建设改造城镇地下管网978.96公里。充分结合"三大革命"（老旧小区改造楼道革命、环境革命、管理革命）和"套餐式"（基础配套项目清单）配建强化小区基础设施配套，实现群众住有安居、住有宜居，不断增强人民群众获得感、幸福感、安全感。

遵义市新蒲新区（图源：新蒲新区融媒体中心）

科学编制《遵义市城市基础设施建设"十四五"规划》，明确了"交通供需更加平衡合理、供水排水更加安全高效、能源供应更加稳定可靠、城市环境更加绿色低碳、老旧小区更加舒适宜居、基础设施更加智能聪慧"六大规划目标，城市品质和承载能力逐步提升。全市累计建成社会公共停车位8482个，完成12公里市政道路建设，持续推进城市小微公园等城市绿地建设；完成新增和改造公园绿地面积76.36公顷，建成小微公园14个，城市生活更添生态优势；开放共享城市公园绿地面积14.27公顷，轮换共享草坪，让群众共享绿地空间。

着力提升城市管理精细化水平，坚持以"深文巩卫"工作为主线，在全市综合行政执法系统推行城市管理"1+N"网格化新模式，统筹推进城市管理精细化、常态化和长效化，实现城市管理问题快查快办，进一步提升管理服务效能。截至目前，全市共打造街面二级网格阵地117个，其中示范网格38个，划分网格点位625个，配备946名网格员，"1+N"网格化管理模式成效初显。

农业现代化案例

新茶饮　新赛道　新发展

茶香袭人如春风，蓄满心底欢愉。

走进黔北大地，茶园连天无穷碧绿，茶叶轻摇无尽欢欣，茶香四溢无边畅意。翻开遵义茶产业发展的扉页，"新茶饮"三个字跃然纸上，在一片红海中闯出了广阔蓝海。

湄潭县兴隆镇欧标茶园建设示范区（图源：湄潭县融媒体中心　罗德雄摄）

茶产业是遵义市特色优势产业和主导产业，发展面积达到200万亩，位居全国产茶市（州）第2位，全市有四个县以茶作为"一县一业"首位产业，涉茶乡镇达到133个，产业覆盖26万户100万余茶农。

据统计部门数据，2023年度全市投产茶园144.65万亩，实现茶叶产量10.22万吨。在茶产业不断发展的道路上，遵义面临着夏秋茶资源未充分利用，下树率低、效益低等急需解决的问题。

乘着珠遵协作春风，广东省粤黔协作工作队遵义工作组（以下简称珠海驻遵义工作组）立足遵义实际和茶产业基础，以夏秋茶为关键，联合遵义市农业农村局研究制定《遵义市新式茶饮产业实施意见（2024—2028）》，开辟茶产业"新茶饮"赛道。

新茶饮以未被名优茶使用夏秋茶茶青为主要原料，通过引进新技术、研发新产品，延伸茶产业链等方式，制作为现制茶、袋泡茶、瓶装茶等茶产品，进一步提升夏秋茶的综合利用率，为农民增收、茶园增产、企业增效注入强力动能。

位于湄潭县的贵州逅唐茶业生物科技有限公司车间（图源：湄潭县融媒体中心）

作为珠遵协作的重要事项之一，通过珠海国企赋能，珠海农控集团、遵义市政府、企业等多方协作，联合广东农科院等研究机构，推进遵义"新茶饮"与全国头部新式茶饮合作，打造中国新式茶饮的供应基地，构建中国新式茶饮茶叶原材料的产业链、供应链。

湄潭作为遵义茶产业发展的主要地区，"新茶饮"已占据一席之地。为全力创建全国新茶饮集聚区，湄潭制定出台《湄潭县创建全国新茶饮集聚区工作实施方案》，并在方案中明确要将湄潭打造成为新茶饮优质原料供应基地、生产加工企业聚集地、产业链采购展示基地、沉浸式体验基地、新品研发基地以及人才孵化基地等六大基地。在珠遵协作的推动下，贵州春水堂茶业有限公司、贵州湄潭经开区贵州迨唐茶业生物科技有限公司、贵州圆遵食品公司等新茶饮供应商已经入驻。同时，由湄潭兰馨发起，贵州省9个市（州）80余家茶企参与组建的贵州智慧黔茶产销联盟，推出自有新茶饮品牌"绿码"已有白桃乌龙、荔枝红茶、葡萄乌龙等80余款单品进入市场，"新茶饮"产业集聚效应逐渐成型。

湄潭县经开区迨唐茶业产品（图源：湄潭县融媒体中心　罗德雄摄）

未来，珠海将与遵义继续携手，持续助力全国新式茶饮产业在遵义集聚，将遵义打造为全国新式茶饮加工中心、西南地区新式茶饮产业链创新中心、全国新式茶饮优质茶园中心以及西南地区新式茶饮交易配送中心。而遵义也将紧盯"建设全国优质绿色食品工业基地"目标，把茶叶作为2024年东西部协作支持重点，建设茶产业精深加工集聚区。

黔北茶香，扬至四海。

旅游产业化案例

玩开心　住舒心　吃放心

　　碧波轻摇，江水深邃静谧。坐在江水之上的乌篷船内，岸边有白墙黑瓦的传统民房，错落有致的灯笼随风摇曳，夜晚的无人机灯光与地上的灯火交相辉映……这是贵州乌江寨国际旅游度假区的美丽景色。

　　作为贵州省100个旅游综合体项目之一，贵州乌江寨国际旅游度假区坚持以非遗业态为抓手，不断打造有趣的体验场景，增加景区内在吸引力，引导游客从"观光游玩"到"沉浸式体验"的消费态度转变。利用线上电商平台、MCN（多频道网络）机构联动推广和线下开展推介会相结合的方式输出景区优质内容，做好相关产品促进转化，多渠道拓展旅行社业务市场。

乌江寨鸟瞰（图源：遵义市新闻传媒中心　胡志刚摄）

　　同时，景区聚焦春节、国庆节等节日时点开展相关节日活动，承办了由贵州省文化和旅游厅、遵义市人民政府牵头主办的"璀璨乌江寨·非遗嘉年华"活动，《追星星的人》《峥爱夏令营》等栏目也在景区录制。

播州区乌江寨（图源：播州区委宣传部）

2023年乌江寨接待游客117.67万人次，同比增长175.82%，实现营收26495.35万元，同比增长299.12%。而在绥阳县十二背后景区，独特的喀斯特地貌成了吸引游客的关键。

绥阳县十二背后旅游区双河洞景区（图源：绥阳县融媒体中心）

为进一步丰富旅游业态，自投建以来，旅游区一直秉承"以创新引领行业发展"的理念，精心打造康养度假、体育旅游、科普研学三个特色主题业态，其中体育旅游和科普研学已在全省行业内处于领先水平。

依托丰富的洞穴、森林、湖泊、温泉等山地生态资源，精心打造了双河客栈、清溪峡山庄等精品酒店度假产品，匹配健康管理中心、中医养生馆、康养步道、森林浴场等康养业态，并进一步融合绥阳县特色的中医药及绿色食品产业资源，形成了度假游憩、查体保健、锻炼调理等完善的康、疗养业态体系，把生态优势转化为产业优势及经济效益。依托丰富的山地资源，先后开发了：银河洞 SRT、银河洞飞拉达、小十二背后秘境溯溪等体育户外产品。2022 年十二背后旅游区被国家文旅部和国家体育总局评为国家级体育旅游示范景区。作为全国中小学生研学实践教育基地，是 2018 年教育部办公厅认定的国家级研学基地，小十二背后景区依托基地本身的资源特色，开发了涵盖地质科普、户外运动、自然教育、诗歌非遗等四大主题共计 25 门类课程。

2023 年，十二背后景区人次同比增速为 205%，收入同比增速为 229%。2024 年春节期间，旅游区累计接待游客 29348 人，实现营收 238.44 万元，春节人次同比增速为 231%，收入同比增速为 164%。

近年来，遵义深入学习贯彻习近平总书记视察贵州重要讲话精神和对贵州旅游发展的重要指示精神，坚持在吃、住、行、游、购、娱等方面打造旅游全链条。2023 年"两大"提升更明显。全年接待游客 11296.99 万人次（全省第二），同比增长 37.99%（全省第一），旅游收入 1299.4 亿元（全省第二），同比增长 48.36%（全省第一）。

面对日新月异的旅游需求，遵义将认真落实中央、省委、市委经济工作会议部署，更加注重有效市场与有为政府协同发展，更加注重传统业态升级与新兴业态创新发展，更加注重旅游产业与多产业融合发展，推动旅游业实现质的有效提升和量的合理增长。

课题组名单：

赵　薇　中共遵义市委宣传部常务副部长
谢以佐　中共遵义市委党校副校长，二级巡视员
哈　磊　中共遵义市委党校经管教研部主任

幸福凉都谱新篇

——2023年六盘水围绕"四新"主攻"四化"报告

一、2023年"四新""四化"成绩单

勇当先行者，发展谱新篇。牢记习近平总书记殷切嘱托，在新时代西部大开发上闯新路、在乡村振兴上开新局、在实施数字经济战略上抢新机、在生态文明建设上出新绩。六盘水全市上下激情澎湃、热潮涌动，一批批项目快速推进，一个个工地热火朝天。

数据显示：六盘水2023年全市地区生产总值完成1557.64亿元、增长3.2%，其中一、二、三产分别增长3.3%、0.6%、5.7%，经济总量由全省第六位上升至第五位，自第四次全国经济普查以来首次实现进位；规上工业增加值增长1.3%；一般公共预算收入完成110.33亿元、增长14.83%，其中税收收入增长19.88%，占比63.7%、提高2.7%。

围绕"四新"主攻"四化"主战略，六盘水市凝聚强大奋进力量勇毅前行，大力推进现代化产业体系建设，加快发展新质生产力，不断推出幸福六盘水建设和高质量发展精彩篇章。

加速推进工业集群发展，新型工业化迈出新步伐

六盘水是国家"三线"建设时期发展起来的一座能源原材料工业城市。

工业是深植六盘水的历史基因。重现六盘水的工业辉煌，发展新型工业化势在必行。

六盘水重点在"富矿精开"、培育特色产业集群、加快转型升级上下功夫，让优势更优、强势更强，努力打造契合时代特征、富有六盘水特色、在全省产业格局中具有特殊地位的现代化产业体系。

"江南缺煤，独富贵州"，而贵州煤炭超过三分之一在六盘水，远景储量达844亿吨，探明储量241.6亿吨，保有储量230.19亿吨，是六盘水融入中国式现代化建设大局的最大比较优势。

六盘水坚持"立足煤、做强煤、不唯煤"发展方略，把能源及能源化工作为首位产业，巩固煤炭产业"一个领先地位"，促进煤电和新型煤化工"两翼延伸"，推动煤电产业高端化、智能化、绿色化"三化"发展，实现产供储销"四位"一体，在打造新型综合能源基地和西南地区煤炭保供中心上迈出坚实步伐。

2023年全省首台66万千瓦超超临界二次再热燃煤发电机组
（图源：六盘水市工业和信息化局）

"富矿精开"是六盘水构建现代化产业体系的关键一招。盘江新光2×66万千瓦燃煤发电项目1号机组首次并网一次成功；总投资约100亿元的贵州美锦煤-焦-氢项目正式点火烘炉；投资198亿元的贵州能源集团水城区煤-焦-化-电循环经济基地项目破土动工……一个个项目"接踵而至"，有力印证着"富矿精开"的六盘水实践。

2023年六枝美锦"煤-焦-氢"综合利用示范项目一期
（图源：六盘水市工业和信息化局）

　　加快成果转化，在竞争中跑出"加速度"。六盘水市高质量形成《能矿装备集群发展报告》《新能源电池及材料产业发展报告》《煤化工产业发展报告》《铝产业全链条发展报告》和《氢能产业发展报告》等，系统提出了铝及铝加工"三链两集群"、能矿装备"一核两翼三区多极"、新能源电池材料"三区四中心两集成一体系"、氢能产业"制-储-运-加-用"全链条发展思路。

　　经过多年培育，特色产业集群化发展水平不断提升，盘州复杂煤层煤机装备制造、水城铝制家居被认定为2023年度全国中小企业特色产业集群。

　　六盘水市始终保持高质量发展定力，推动一批谋划多年的重大项目落地建设，推进一系列打基础、利长远的重要工作，工业经济呈现良好态势——2023年新增工业市场主体1691户，累计突出万户大关，达到10212户；全口径工业增加值突破600亿大关，达到617亿元，为2019年以来最高水平，工业增加值总量稳居全省第三。

　　在全省率先编制了各市区、开发区首位产业"一图三清单"，各市区首位产业规模以上占全市比重达83.6%。

着力推进产业智改数转，新建5G基站2920个，每万人基站占比为21个，超全省平均水平，成功入选国家"千兆城市"。着力推进科技创新支撑，深入实施"向科技要产能"专项行动，60度以上急倾斜煤层机械化开采技术、新仁新能源黏土型锂资源选冶技术取得突破，建成省内首条利用本地锂资源生产电池级碳酸锂生产线。省级"专精特新"中小企业达到59户、新增省级专精特新"小巨人"企业3户，国家级专精特新"小巨人"企业实现零的突破。

奋力建设宜居宜业幸福之城，新型城镇化跑出加速度

新型城镇化是高质量发展的重要引擎，做强城镇经济、提升城镇品质，才能不断增强幸福六盘水承载力、带动力和竞争力。

日前，随着最后一方混凝土浇筑完成，安六铁路六盘水站站前广场项目（新建高铁站站前广场及商业综合体工程）站前广场主体结构顺利封顶。

安六铁路六盘水站站前广场效果图（图源：六盘水市发改委）

自开工建设以来，中铁八局三公司安六铁路六盘水站站前广场项目部全员以节点目标为导向，战晴天、抢雨天，发挥最大优势、集结最优资源，齐心协力推进施工进度，施工现场日均投入大小设备80余台，施工人员700余人。

2023年12月30日，备受市民关注、总长6.84公里的凤凰东路正式通车。该路的全线开通，对缓解城区交通压力、构建畅通循环的城市路网具有重要作用，同时也降低了市民东西向出行的经济成本和时间成本，将有效推动钟山区、高新区、水城区三地同城化、经济协同发展，不断夯实新型城镇化基础。

建设工人加班加点，城市变化日新月异，人民群众幸福满满。

近年来，六盘水市印发了《六盘水市加快推进以人为核心的新型城镇化实施方案》，将新型城镇化作为"十四五"规划《纲要》专篇进行谋划布局，制定了《六盘水市"十四五"新型城镇化发展规划》等文件，建立了协调服务联动、重大项目推进、定期调度督促、年度监测考评、舆论宣传引导5项工作机制。

随着新型城镇化的推进，城镇综合承载力、城镇治理能力稳步提升，一批项目实施加快城乡融合，擦亮城市品牌。

目前，六盘水城市建成区面积达到186.6平方公里，其中：市中心城区建成区面积达100平方公里左右。盘州"贵昆经济走廊"中心支点城市和六枝"贵阳—安顺—六盘水发展走廊"战略节点城市建设步伐加快。全市常住人口城镇化率达51.61%，位列全省第一方阵。

六枝特区那平路道路升级改造暨平战结合地下商业街（图源：六盘水市发改委）

"四改"任务全面完成，成功入选公共供水管网漏损治理重点城市（县城）名单，市中心城区集中供热覆盖面积达640万平方米，城区生活垃圾焚烧处理能力达到2500吨/日，县级以上城市空气质量优良天数比例持续保持在95%以上，教育、医疗、养老、育幼等公共服务供给能力不断增强。

全国文明城市创建成果持续巩固，社区网格化管理覆盖率达到100%，完成70%医疗机构、学校、社会福利机构消防安全标准化创建验收，海绵城市建成面积占城市建成区面积的37.68%。

"十四五"以来，全市农业转移人口4.81万人，进城务工人员随迁子女在公办学校就读比例达100%，六枝特区、水城区县域医疗次中心建成并投入使用，市、县、乡3级远程医疗网络服务体系加快完善，乡镇通三级及以上公路占比达到81.5%，超全省平均水平19.7个百分点，城乡公共服务均等化、基础设施一体化加快推进。

注重品牌质量和体系建设，农业现代化持续提质增效

水城区蟠龙镇百车河社区沙坡九组的猕猴桃种植大户晏庭银一有时间，便一头扎进自家的猕猴桃园，忙着施有机肥、疏剪枝条、清园防虫等管护工作。

"去年，我们家种的猕猴桃进入盛挂期，亩产达到2000多公斤，纯收入近20万元，好得很！"算起收成，晏庭银乐开了花。

2023年，水城区蟠龙镇百车河庭银家庭农场作为贵州唯一家庭农场入选农业农村部全国新型农业经营主体典型案例。

六盘水市坚持以高质量发展为统揽，持续构建农业现代化"三大体系"，加快推进山地农业现代化进程，全面推进乡村振兴。2023年，全市农林牧渔业总产值317.96亿元，可比价增速3.4%；一产增加值185.11亿元，增速3.3%；农村居民人均可支配收入15397元，增速8.1%。

加快构建山地农业产业体系，念好"山字经"，种好"摇钱树"，筑牢"压舱石"，形成了"1+3+N"产业结构体系。2023年，全市完成粮食种植面积275万亩、产量64.9万吨、油菜35.25万亩，粮食单产236公斤/亩、较上年提高3公斤/亩。以"凉都三宝"为引领，抓好产业提质增效，2023年"两园一田"建设任务如期完成，累计建成35万亩；全市蔬菜、食用

菌、园林水果等产业快速发展，实现丰产增收；抓好畜牧渔业发展，"四肉"产量14.97万吨、禽蛋产量2.72万吨、水产品产量2481吨……

盘州市普田乡肉牛养殖基地（图源：盘州市农业农村局）

围绕构建现代化农业生产体系，持续强化农业科技和装备支撑、推进大数据与农业融合发展、实施山地农机化提升工程、推进农业绿色发展，现代农业生产基础不断夯实。2023年，全市完成机耕面积272.61万亩、机收面积73.39万亩、机播面积37.95万亩；累计建成5G基站9183个（新建成2300个），率先实现行政村"村村通5G"；农膜回收率达85%以上，农作物秸秆综合利用率保持在86%以上，畜禽养殖粪污综合利用率稳定在80%以上……

六盘水市通过实施新型农业经营主体引进培育、农产品质量品牌提升、农产品加工业提质增效、农业高质量发展平台创建"四大行动"，持续深化改革、推进产销对接，现代农业经营体系不断壮大。2023年，全市纳入调度农产品加工主体221家，新增国家级农民合作社示范社10家；123个家庭农场获评省级示范家庭农场，至此全市省级示范家庭农场达282家；盘州刺梨入选全国第一批农业高质量发展标准化示范基地（国家现代农业全产业链标准化示范基地）创建名单……

春耕夏耘，秋收冬藏。从稳产保供到就业增收、从科技赋能到产业发

盘州市普田乡肉牛养殖基地肉牛（图源：盘州市农业农村局）

展、从改善设施到拉动投资……六盘水农业农村经济发展蹄疾步稳，农业现代化路子越走越宽广，农业产业更兴旺、农民腰包更殷实。

业态结构优化升级，旅游产业发展动力显著增强

2023年，消夏旅游避暑季，水城古镇比往年更热闹，各类表演和特色小吃让游客流连忘返。

乌蒙大草原景区（图源：肖磊摄）

"今年的水城古镇比以往更热闹。我们围绕消夏避暑、休闲旅游等内容，不断拓展夜间消费业态，龙舟体验赛、花船表演等文旅活动吸引了不少游客。节假日期间，古镇每日接待游客量约 2 万人次。"六盘水市映臣文化旅游开发有限责任公司董事长刘荣刚介绍道。

如果说，水城古镇可用热闹形容，2023 年 7 月 16 日开跑的"六马"更是将中国凉都的人气推上高峰。

当天，来自国内外的 3 万名马拉松运动员和跑友齐聚六盘水，奔跑在 19℃的夏天，享受 360 度的激情。

不少人在赛事结束选择留在六盘水来一次深度旅游。"夏季避暑、冬季滑雪"是六盘水的两大特色旅游品牌。

梅花山国际滑雪场（图源：钟山区文体广电旅游）

近年来，六盘水抢抓国家冰雪运动"南展西扩东进"战略机遇，全力发展冰雪旅游产业，积极打造以冬季自然风光和冰雪体育运动为特色的冬季体育旅游，丰富冬季冰雪消费的产品形态，实现了从"一煤独大"到"中国凉都"再到"南国冰雪城"的华丽转身。

六盘水市依托得天独厚的自然条件，建成了玉舍雪山滑雪场、梅花山国际滑雪场、乌蒙滑雪场等 3 个北纬 26 度以南、世界上纬度最低的天然滑雪场，建成各类雪道9条，能同时容纳1万余人滑雪。

山上冰雪驰骋，山下热浪滚滚。与滑雪一起火热凉都冬季的还有别具特色的凉都温泉。

为了做好旅游这篇大文章，六盘水市出台了《六盘水市旅游服务质量提升行动方案》《六盘水市大力实施旅游业态升级行动方案》《六盘水市大力实施旅游市场主体培育行动方案》《六盘水市大力实施盘活闲置低效旅游项目攻坚行动方案》，坚持以"旅居城市"为目标，做优"夏季避暑、冬季滑雪"两大特色旅游产品，做足"旅游+、+旅游"文章，旅游业实现高质量发展。2023年全市接待游客8501.6万人次。

围绕康养度假、避暑养身、休闲运动等，推出了9个融合业态。新增省级旅游度假区、国家4C自驾旅居车营地、省级温泉度假地、省级旅游休闲街区各1个，新增等级民宿6家（金山级、银山级各3家）、省级乡村旅游重点村镇7个、省级中医药旅游示范基地（项目）2个。

2023年，先后荣膺全国2023年避暑旅游优选地、2023年中国候鸟式养老栖息地第一名、2023年度全国康养可持续发展20强城市等荣誉，贵州六盘水梅花山体育旅游精品线路入选中国体育旅游十佳精品线路；先后举办了中国凉都·六盘水夏季马拉松、2023年国际高桥极限运动邀请赛（北盘江大桥站）、2023年牂牁江滑翔伞飞行嘉年华等赛事活动，以赛促旅。

如今，旅游已成为六盘水产业转型的重要方向之一，独特的气候和优良的生态让旅游产业发展风生水起，以发展全域旅游为目标，持续推动业态升级，提升服务质量，奋力推动旅游大提质。

二、2023年特色亮点展示台

案例一

贵州美锦"煤-焦-氢"综合利用示范项目
向新型工业化的"星辰大海"迈进

2023年12月18日上午，随着一声指令，位于六枝特区的贵州美锦"煤-焦-氢"综合利用示范项目1号焦炉顺利实现点火烘炉！

一块块黝黑粗笨的乌金，经由科技链条一环环、一道道"分解""催化"，就变成了居民生活、工业生产所需的电，新能源汽车行驶所需的氢燃料，农作物生长需要的复合肥……

"黑"着进去，"绿"着出来，将煤炭"吃干榨尽"，一幕幕神奇的煤炭"变形记"正在上演！

2023年末冬天里燃起的这一把"火"，烧得很旺，它不仅标志着贵州美锦"煤-焦-氢"综合利用示范项目朝着全面投产迈出实质一步，更奏响了六盘水加快产业转型升级、推进绿色低碳发展、狠抓新型工业化的时代强音！

近年来，六盘水坚持"立足煤、做足煤、不唯煤"的发展思路，持续推进产业转型升级示范区建设，抢抓能源革命机遇，主动适应碳达峰、碳中和政策，一手抓传统产业升级改造、一手抓新兴产业培育壮大，在全省率先出台《六盘水市氢能源产业发展规划（2019—2030年)》，加快煤电和新型煤化工"两翼延伸"，着力做好"富矿精开"大文章，贵州美锦"煤-焦-氢"综合利用示范项目也被纳入省级规划布局的7个重点煤焦化项目之一。

项目采用目前国际最先进大型焦炉清洁生产技术，上游以煤焦化为引擎，建设380万吨/年焦化装置，配套3套230吨/时干熄焦余热发电装置，解决项目部分用电需求，建立新型煤焦化产业链。中游围绕焦炉煤气精深加工，布置4000万标方/年高纯氢装置，20万吨/年LNG装置、30万吨/年合成氨装置、10万吨/年液态二氧化碳装置，延长现代化工循环经济产业链。下游拟增加50亿投资，谋划布局70万吨硝基复合肥、70万吨煤焦油精深加工、15万吨苯加氢、医药中间体等项目，全面补齐精细煤化工产业链，树立循环经济行业标杆。在后端，以氢能源"制-储-运-加-用"为载体，布局氢能综合推广应用项目，包括建设智慧加氢站、氢燃料电池公交车示范线、氢燃料电池商用车维保中心、氢燃料电池车辆智慧运营平台等，积极促成氢燃料电池汽车整车装配制造项目落户贵州、入驻六盘水。

据贵州美锦华宇新能源有限公司有关负责人介绍，项目一、二期全面建成投产后，预计可实现年产值达200亿元、利税超15亿元，带动就业2000人，并带动上下游煤电板块、铁路物流、交通货运、装备制造及第三产业快速发展。

案例二

改善城市面貌　提升城市形象
六盘水加快建设"凉都"新地标

2024年1月10日，随着最后一方混凝土浇筑完成，由公司负责施工的安六铁路六盘水站站前广场项目（新建高铁站站前广场及商业综合体工程）站前广场主体结构顺利封顶。

据悉，安六铁路六盘水站站前广场建设项目建设内容包括商业综合体、站前广场及附属设施工程，此次完成封顶的为站前广场主体结构工程。

安六铁路六盘水站站前广场建设项目（新建高铁站站前广场及商业综合体工程）总建筑面积181757.08平方米，建设用地面积为48396.87平方米，建设工期约486天。自2023年5月开工以来，项目部紧盯节点保进度，倒排工期、挂图作战，在现场采取分区分段流水作业方式。

项目党支部书记唐贤明介绍，六盘水山峦众多、绵延起伏，拥有众多绝佳自然景观，是游客观赏大自然鬼斧神工的必选之地。但这样的地质环境却对施工单位提出了巨大考验。

据介绍，安六铁路六盘水站站房及站前广场工程，是六盘水市拟建设城市基础设施的重要组成部分，该项目的实施，将极大改善六盘水的城市面貌，提升城市形象，并为投资者创造更良好的投资和生活环境，有利于提升人们的生活质量，有利于对旅游资源的开发利用，有利于产生新的经济增长点，拉动内需，创造更多的就业机会。

该项目建成后，对拉动地方经济，带动区域经济发展有巨大意义。一是项目建设给六盘水带来巨大的间接效益，对当地的产业开发奠定良好基础。因此，其对当地经济的带动促进作用是巨大的。二是项目的实施完善了市政基础设施，将有效带动周边土地的增值效益，促进周边经济的发展。三是项目位于安六铁路六盘水站，项目的实施对带动六盘水社会经济发展都有着重要意义。四是改善投资环境，提供资金介入基础环境的可能性，增加就业机会。

★ 幸福凉都谱新篇 ★

案例三

282个家庭农场获评省级示范
六盘水家庭农场推动农业生产迈向现代化

2023年，水城区蟠龙镇百车河庭银家庭农场作为贵州唯一家庭农场入选农业农村部全国新型农业经营主体典型案例。

六盘水低纬度高海拔山区非常适合红心猕猴桃生长。近年来，六盘水大力发展山地特色农业，聚焦农业绿色发展，特别是作为"凉都三宝"之一的猕猴桃，在种植、管护过程中推行绿色生产方式，强化农业科技支撑、厚植生态底色，把绿色发展贯穿猕猴桃产业全过程。

2015年，在深圳务工的晏庭银回到家乡六盘水，加入猕猴桃种植队伍中。

晏庭银看准了蟠龙镇乃至整个水城区大力发展猕猴桃产业的东风，承包10亩地种植中心猕猴桃。

"六盘水水城区山地占比高，耕地破碎，规模化农业生产经营程度低，家庭农场的模式更适合种植猕猴桃。"晏庭银说。

起初，晏庭银用传统方式种植，亩产量只有400斤。经过参与六盘水市组织的相关技术培训，学习标准化种植技术和精细化管理模式，晏庭银学到了大量猕猴桃丰收储备的知识。

经过不断地摸索和学习，通过安装防雹网、科学管理和采后保鲜等技术实施，他种植的猕猴桃亩产量能达到4000斤。此外，他种植的猕猴桃品质好、口感佳，在市场上深受消费者的青睐。10亩猕猴桃，每年为他带来超过30万元的收入。

除了自己种植，他还带动周边60余户农户种植了800亩猕猴桃，晏庭银成了当地名副其实的猕猴桃种植专家。

晏庭银的家庭农场先后被评为贵州省级示范家庭农场、贵州最美猕猴桃园、六盘水猕猴桃单产王、水城县最美果园，农场主晏庭银也从猕猴桃种植的"门外汉"变成了猕猴桃标准化种植的"土专家"，先后获得六盘水市劳动模范、六盘水市十佳种植能手等荣誉称号。

六盘水市把家庭农场经营者列为新型职业农民培育的重点对象。2023

年，围绕种植养殖技术和现代经营、电商运营、农产品质量安全等内容，开展3期家庭农场经营者专项培训，让161名农场经营者更好成为加快农业农村现代化建设的有生力量。

目前，六盘水现有家庭农场1018个，其中省级示范家庭农场有282个，占比位于全省前列。

案例四

持续打造凉都品牌

——凉都六盘水夏季旅游的"流量密码"

2023年的夏天，全国的许多"候鸟"从四面八方飞向凉都，因为他们情不自禁地与凉都有一个"夏天的约定"。

在这个夏天，每一位游客、每一个凉都人都津津乐道、赞叹不已——六盘水的夏天真精彩！

盘点2023年中国凉都·六盘水消夏旅游避暑季，活动时间长、举办方式新、活动内容多、宣传引流大、平台利用好……一连串的闪光点令人目不暇接，整个避暑旅游季系列活动不仅办出了特色，还办出了人气、办出了明显效益；不仅充分展示了六盘水的活力，还为我市旅游业加快高质量发展步伐增添了"磁力"、增加了动力。

按照"政府主导、市区联动、市场参与"的方式，今年的消夏文化避暑旅游季采取了"1+4"的模式进行："1"，即1个市级层面开展的活动；"4"，即4个县级层面开展的活动（避暑旅游季之"画廊六枝""精彩盘州""康养水城""魅力钟山"系列活动）。整个避暑旅游季系列活动共有66项，期间又开展了8项重大活动，这些活动既有"传统节目"——开幕式、"六马"、美食汇、广场舞、桥牌赛等，又增加2023年国际高桥（北盘江大桥）极限运动邀请赛、首届黔台香药草暨中药产业发展对接会、"中国画"名家走进六盘水共绘幸福凉都新画卷、"房·车·旅"嘉年华、大剧院低价免费商业演出、文化馆惠民文艺演出、苗族跳花节、布依风情节、彝族火把节等全国性、群众性、节庆性活动。这些活动将避暑旅游季串成了一台"大戏"，让凉都的这个夏天自始至终成了"欢乐的海洋"。

奋进高质量发展新征程
——贵州围绕「四新」主攻「四化」年度报告（2023）

野玉海国家级旅游度假区海坪千户彝寨（图源：姚咏 摄）

"传统节目"——"六马"更是将消夏文化避暑旅游季推向了高潮。许多马拉松跑友、外地游客纷至沓来，只为身临凉都体验"清凉世界"里的奔跑是何等的舒爽、惬意，或者一睹马拉松比赛的非凡热闹，一时间，"我为'六马'来"成为马拉松跑友、外地游客奔赴凉都的共同心声和行动。

加大宣传力度，通过加大活动"前中后"的持续宣传，以及央媒、省媒、抖音、快手对"消夏文化避暑季开幕""六盘水国际马拉松开赛""我是凉都推介官"、赴外省旅游推介活动等的一系列宣传，吸引了众多的国内外游客前来避暑旅游、康养栖息，进一步扩大了中国凉都的影响力和吸引力。

借助避暑旅游季平台，六盘水市还及时推出了避暑度假之旅、乡愁静心之旅、运动康养之旅、文化研学之旅、民俗体验之旅、夜间沉浸之旅、乌蒙芳香之旅等10余条精品旅游线路，并在避暑旅游季获得了一份份喜人的"成绩单"：5月，六枝318自驾旅居车营地被评为"国家4C级自驾旅居车营地"；6月，六盘水市、水城区同时入选"全国2023年避暑旅游优选地"；7月，六盘水市被评为"2023年中国候鸟式养老夏季栖息地"第一名；8月，六盘水市岩博酒业基地被评为"贵州第二批酒旅融合景区"；9月，凉都记忆·三线文化长廊被评为"贵州省文旅融合创新示范项目"。

课题组名单：

李　黎　中共六盘水市委宣传部常务副部长

李　昕　六盘水市社科联党组成员、社科院院长

陈　屏　《六盘水日报》社时政部主任

李云才　六盘水市新型工业化专班负责人

景舒相　六盘水市发展改革委发展规划科科长

吴春霞　六盘水市农业农村局发展规划与园区农垦管理科工作人员

李星仪　六盘水市旅游产业化专班工作人员

最美瀑乡大作为

——2023年安顺围绕"四新"主攻"四化"报告

一、2023年"四新""四化"成绩单

2023年以来，安顺市坚持以习近平总书记视察贵州重要讲话精神和对贵州工作重要指示批示精神作为推动发展的总遵循总纲领总指针，在感悟思想伟力中凝聚奋进力量，围绕"四新"主攻"四化"，全面落实省委、市委发展思路，全力以赴推动高质量发展。

（一）聚焦"两城三基地"建设，全力以赴推动工业产业实现大突破

安顺市委市政府组织召开全市新型工业化推进大会，立足自身资源禀赋和比较优势，提出"3332"（到2027年，建成航空装备、医药及旅游食品、现代能源等3个300亿元级主导产业集群；基础材料、现代化工、新型建材等3个特色优势产业产值合计达到200亿元以上）奋斗目标，加快构建富有安顺特色、在全省产业格局中具有重要地位的现代化产业体系。

一是聚焦"两城三基地"建设推动工业提质增效。 紧抓省级"六大产业基地"建设机遇，全力建设贵州航空产业城、一流旅游城市、新型综合能源基地、贵州绿色算力基地和医药及旅游食品基地。培育航空航天及装备制造规上企业62家，谋划航空产业项目213个，投资1530亿元，全市航空装备制造产业总产值增长16.2%；谋划旅游产业化项目87

个，总投资 240 亿元；新增入库规上（限上）旅游企业 9 家，全市旅游市场主体总量达 1.76 万家。建成南智云工业互联网数据中心、安顺彩云等绿色算力基础设施，全市软件与信息技术服务业收入增长 48.3%。三力制药二期、金尘茶、南山婆食品产业园等项目建成投产，医药及旅游食品产业增加值增长 34.7%。新开工新能源项目 25 个，并网电力项目 7 个，全市电力装机达 662.1 万千瓦、增长 14%。培育一批企业获国家级、省级认定和表彰。

表一　2023 年培育的获国家级、省级认定和表彰的企业

企业名称	认定和表彰类别
紫安新材料等 50 户企业	创新型中小企业评价
远景新材料等 26 户企业	省级专精特新中小企业认定
黎阳国际、风雷航空	国家"小巨人"企业认定
安大航空	国家技术创新示范企业认定（全省唯一）、第四届省长质量奖（全省唯一）
精一电力	省级工业设计中心认定
天马虹山轴承	省级技术创新示范企业认定

二是精准推进产业布局。围绕发展航空装备、医药及旅游食品两个主导产业和建设"关键零部件、关键材料、关键设备"等全国重要产业备份基地发展方向，绘制主导产业"一图三清单"（产业链图谱、在建项目、在谈项目、拟招企业清单），建立招商引资项目库等。贵州航空产业城按"三中心、九园区、三基地"的产业布局，着力构建"一核两翼三融"的产业体系。2023 年，两个主导产业完成规模以上工业总产值 204.4 亿元，占全市规模以上工业总产值的 52.2%，增加值分别增长 12.9%、34.6%，带动引领作用不断增强。

三是加快推进项目建设。建立"每个县（区）每月谋划一个项目"工作机制，积极引导项目入驻园区。围绕"三中心九园区三基地"功能布局，开工建设安大航空锻造产业园二期、速威高温合金等 97 个航空产业项目，安吉航空精铸产业园一期、平坝区 CJ 级型号任务发动机零部件制造提能扩产等 13 个项目建成投用。2023 年，全市在建新型工业化项

目 280 个，累计完成投资 221.09 亿元，工业投资增速 57%，全省排位第一。

（二）紧盯"三大要素"保障，全力以赴推动旅游产业实现大提质

围绕省委"打造世界级旅游目的地"部署，紧盯"资源、客源、服务"三大要素，聚焦把安顺打造为一流旅游城市，把黄果树景区打造成世界级旅游景区，推动全市旅游产业化高质量发展。2023 年，黄果树景区接待游客首次突破 500 万人次，全市旅游人次、旅游总收入、游客人均花费分别恢复到 2019 年的 105.22%、110.03%、104.57%，带动避暑房产销售超过 3000 套、增长 44%。2024 年春节期间，安顺古城历史文化旅游区惊艳亮相、火爆出圈，客流量超 100 万人次，成为网红打卡新地标。

一是紧盯"资源"要素科学布局。 制定《安顺市建设一流旅游城市行动方案》，确定安顺一流旅游城市"一城三核四区五带"旅游战略布局，黄果树建设世界级旅游景区"一核心五区一环"的空间格局。聚焦丰富产品业态、完善交通网络、提升服务配套等重点，谋划实施一批沉浸式、互动式、体验式旅游项目，促进夜间经济、康养度假、文化体验等业态发展。2023 年来围绕建设一流旅游城市重点工作谋划项目 46 个，完成投资 9.04 亿元。

安顺市一流旅游城市"一城三核四区五带"旅游战略布局

类别	具体要素
一城	全力打造"21℃的城市·360度的人生"一流旅游城市品牌
三核	三个核心吸引物：古城历史文化旅游区、黄果树世界级旅游景区、大明屯堡国际旅游度假区
四区	四个重要支撑点：龙宫喀斯特溶洞康养旅游区、峡谷高桥极限运动体验区、布依古寨旅游度假区、格凸河苗族文化旅游风情区
五带	五个特色旅游带：史前遗迹研学旅游体验带、山里江南农耕文化度假带、十里荷廊精品乡村旅游带、精品特色民宿产业示范带、红色文化研学体验带

黄果树建设世界级旅游景区"一核五区一环"的空间格局

类别	具体要素
一核	黄果树世界级核心旅游景区
五区	布依八寨民族风情旅游区、滑石哨国际部落亲水区、郎宫半岛温泉度假区、峡谷高桥国际极限运动体验区、龙宫喀斯特溶洞康养旅游区
一环	"黄龙屯格"一体化发展的黄果树旅游大环线

二是紧盯"客源"要素强力宣传。找准城市定位，持续唱响"21℃的城市·360度的人生"城市IP品牌。在上海、广州、武汉等重要客源城市设立12个营销中心，到北京、上海、广州等15个热门城市开展文化旅游招商推介20余场，与国内知名旅行社、知名OTA（在线旅行社）平台加强合作，贯穿线上线下开展对外宣传营销，吸引游客到安顺避暑、旅游、度假、康养、消费，让"凉资源"变成"热经济"。入选中国旅游研究院、中国气象局公共气象服务中心发布的"全国2023年避暑旅游优选地"。

三是紧盯"服务"要素完善配套。以安顺中心城区为依托，围绕"吃住行游购娱"，重点围绕安顺古城历史文化街区以及虹山湖、娄湖等城区"五湖"，打造一批具有安顺特色的美食小吃街、休闲娱乐区、综合商业区，不断丰富旅游配套及消费业态。"安旅通"数字化平台正式上线运营，为游客提供方便快捷的体验。全力打造全省民宿产业发展示范区，制定《安顺市民宿产业示范区总体规划》及三年行动方案，布局建设黄果树、龙宫、屯堡、高荡四大民宿集群。匠庐·村晓、尧珈·望瀑等一批精品民宿给游客带来新的生活体验。

（三）做强特色优势产业，全力以赴推动农业产业实现大发展

以发展山地特色高效农业为抓手，坚持做大做强特色主导产业。2023年全市农林牧渔业总产值366亿元，较上年增长5%左右，农产品加工转化率达62%；农村常住居民人均可支配收入15000元，较上年增长9%左右。"瀑布毛峰"荣获"全国十大名茶"称号；镇宁蜂糖李入选全国"土特产"推介名录；关岭牛成为村BA"冠军牛"，火爆出圈；普定春归保健与中国体操队建立合作伙伴关系，金刺梨品牌更加响亮。云贵高原道地药材关岭集散中心开市运营，黄果树中央厨房成为国家级农业产业化重点龙

头企业，新增全省引领型龙头企业14家。平坝二官村、高田村连续三年获评全国特色农业亿元村。

一是筑牢粮食安全防线。完成"三区三线"划定，划定耕地保护目标325.82万亩、永久基本农田保护任务253.42万亩。加快推进"粮地"变"良地"，累计建成高标准农田122.53万亩，主要农作物耕种收综合机械化率达59.17%。培育了昊禹米业等一批粮食生产加工农业龙头企业。超额完成2023年省下达安顺市粮食生产任务。

二是做强特优主导产业。聚力打造"肉牛、金刺梨、中药材"三大主导产业，加快发展"蜂糖李、茶叶、生态渔业"三大特色产业。农业规模化、标准化、产业化生产水平持续提高，特色产业集聚区、优势单品区、特色产业带加快形成。产业发展基础持续巩固提升，累计建成1个国家级、16个省级农业科技园区、2个省级现代农业产业园、40个省级现代山地高效农业示范园区、8个农业产业强镇、7个粤黔协作共建农业产业园、27个粤港澳大湾区"菜篮子"生产基地。集中打造了"镇宁蜂糖李""安顺金刺梨""关岭牛"等农特产品，打响南山婆、牛来香、聚福菌等一大批名优品牌。

三是推动全产业链发展。推动农业产业"接二连三"，促进第一、二、三产业融合联动。采取"内培外引"方式促进农业新业态的形成，陆续招引四川德康、成都大农、广州越秀等一批农业优强企业到安顺投资兴业。全市共有引领（成长）型农业龙头企业12家，市级以上龙头企业361家（较去年新增21家）；预计全年产值200万元以上农产品加工企业将达750家，总产值达380亿元，农产品加工转化率达62%左右。

（四）融入"强省会"战略，全力以赴推动城镇建设实现大提升

抢抓国家新型城镇化综合试点机遇，坚持从我市山区特点出发，以人的城镇化为核心，以做大做强区域中心城市为重点，制定出台《安顺市2023年新型城镇化重点工作任务》，努力把安顺建成宜居宜业宜游的魅力之城。

一是优化布局提升城镇承载能力。围绕黔中城市群培育，紧扣"3个100万"目标任务，主动融入"强省会"战略，推进贵阳—贵安—安顺都市圈建设，努力构建"一极三核"的城镇空间格局，全市中心城区建成区

面积105平方公里，常住人口城镇化率58%。全面推进镇村协调发展，52个示范小城镇稳步推进，西秀区浪塘村、平坝区小河湾村、经开区羊场村等10个村成功创建中国美丽休闲乡村，九溪村、郎宫村等8个村寨入选第五批全省乡村旅游重点村。

二是实施城市更新提升城镇发展品质。大力实施城市更新行动，成功创建"千兆城市"，新建社会公共停车位2432个，打通北航路等10条"断头路"，新增城市道路21.6公里，新建5G基站2772个。召开安顺市加快新型城镇化建设推进会，安顺古城街区保护及提升、紫云县印山城市更新等项目加快建设。深入开展新市民安居工程改革试点工作，搭建"黔中安心住"线上平台。实施教育工程项目213个，新增学位9135个，县域示范性普通高中实现全覆盖。完成海绵城市建设项目24个，虹山湖公园项目入选"中国海绵城市十年成就展"项目典范案例。2023年，我市荣膺"中国十大秀美之城"称号。

三是补齐发展短板提升城乡融合水平。大力实施城镇"四改"工程，改造棚户区1.37万户、老旧小区1.3万户、背街小巷66条、地下管网396公里。巩固"四好农村路"示范创建成果，新增美丽农村路50公里和20公里经济示范走廊，开工建设G356镇宁大山至落别公路等50公里普通国道，推动镇宁县江龙至化木等8条130公里乡镇通三级及以上公路建设。补强供电薄弱区域，投入1.05亿元改造升级农村电网。扎实推进乡村振兴，全力提高城镇农村居民收入水平，2023年全市城镇居民人均可支配收入40155元，同比增幅3.9%。农村居民人均可支配收入14920元，同比增幅8.0%。

二、2023年特色亮点展示台

案例一

高质量推进贵州航空产业城建设

安顺积极响应习近平总书记发出建设航空强国的伟大号召，主动服务和积极融入国家战略，抢抓国发〔2022〕2号政策机遇，发挥"三线"建设时期国家布局的重要航空基地比较优势，谋划建设贵州航空产业城，全力抓好规划编制，争取多方支持，推动项目建设，狠抓招商引资，强化要素保障，推动贵州航空产业城建设有序有效推进。

航空规划展览馆（图源：《安顺日报》 陈婷摄）

一是高站位谋划规划编制。站在国家战略的高度，立足打造全国重要航空产业基地目标，委托中航规划总院积极开展贵州航空产业城总体发展规划研究，并编制了《贵州航空产业城总体发展规划（2022—2035年）》（以下简称《规划》），明确了"三区一基地"的战略定位、"一核两翼三融"的产业体系和"三中心、九园区、三基地"的功能布局。2023年5月，省政府批复同意《规划》，为安顺建设贵州航空产业城明确了任务书、绘就了施工图。

二是广泛争取多方支持。积极争取政策支持，省政府办公厅专门印发《支持安顺市建设贵州航空产业城的若干政策措施》，配套航空装备制造业、民用航空业、航空产业数字化转型、金融、人才、科技创新、土地、开放合作八个方面30条支持政策。争取与中航工业、中国商飞、中国航发三大航空产业巨头的战略合作。中航工业全力支持贵飞改革发展，推进贵飞重点发展三代机出口型、无人机、航空大部件专业化制造、航空靶机等重点业务，做大做强安顺主机产业链；中国商飞全力支持在安航空企业参与国产商用大飞机新型号、新部件的研发合作和生产配套；中国航发明确黎阳动力在安建设航空发动机生产制造及维修保障基地。为高质量建设贵州航空产业城打下了坚实基础。

三是全力推动项目建设。牢牢抓住项目建设这个"牛鼻子"，以项目建设大突破带动航空装备制造产业大发展，谋划了213个重大项目，总投资1530亿元。推动安大产业园二期、航新无人机等97个项目开工建设，推动安吉产业园一期等13个项目建成投产。依托安大公司、安吉公司在锻铸造行业的领先地位，建成了世界最先进的民用航空智能环锻件生产线，世界最大的自动制壳机器人，国内最大的脱蜡釜、钛合金真空熔铸炉，锻铸造能力持续增强。

安顺航空配套制造产业园建设有序推进（图源：《安顺日报》 唐琪摄）

四是全面强化要素保障。推出《贵州航空产业城招商引资优惠办法（试行）》，明确18条优惠政策，聚焦京津冀、珠三角、长三角等重点区域组建了8个招商分队，成功引进成都航新、江苏新扬、江苏豪然、上海先越等55家航空装备制造企业。出台《贵州航空产业城专项人才政策若干措施（试行）》，制定了4个方面21条政策措施，引进了航空专业技能人才850余人。强化与北京航空航天大学、南京航空航天大学等高校对接，在创新平台建设、人才培养等方面开展合作，已与南京航空航天大学签订合作协议，开启与高层级科研院所和高校深化合作新局面。制定《安顺市航空产业引导母基金组建方案》，通过母基金直投和组建子基金等多种方式吸收更多社会资金、金融资本参与贵州航空产业城的建设，从贵州省支持的5亿资金中拿出4亿元组建航空发展基金。规划2万亩土地保障贵州航空产业城的用地需求，拟建设1000万平方米标准厂房，为15个航空产业专业化功能区进行合理化、专业化、板块化布局。

案例二

举办2023贵州（安顺）屯堡文化节
打造更具吸引力的文化旅游产品

策划开展2023贵州（安顺）屯堡文化节系列活动，通过"旅游搭台，文化唱戏"，展现屯堡文化的特色和艺术魅力，推动屯堡文化的传播转化，促进文旅融合，助推安顺旅游高质量发展。

屯堡文化节开幕式（图源：《安顺日报》 胡典摄）

一是倾力打造两场重要活动。 以"屯堡·家国六百年"为主题，组织召开"屯堡文化的历史价值和当代意义"研讨会，邀请中国社会科学院古代史研究所研究员、中国明史学会副会长张金奎，中国人民大学历史系教授、中国明史学会首席顾问毛佩琦等中国明史及屯堡文化领域的20余名专家学者，对平坝区天龙古镇、西秀区鲍屯村、本寨村屯堡文化实地考察，就屯堡文化的发掘、研究、保护和发展等开展讨论，不断扩大屯堡文化的影响力，擦亮特色文化名片，推动"屯堡学"建设，助推文化繁荣发展。

高规格举办屯堡文化节开幕式，倾力打造大型花灯歌舞《屯堡·家国600年》，将屯堡人600年以来所遗存的屯堡古风幻化成视觉盛宴，演绎了屯堡人的家国情怀。该剧首演后于国庆节期间继续上演，持续推广传播屯堡文化。

二是策划"屯堡·家国六百年"文旅融合主题传播活动。 充分发挥互联网优势，运用新媒体传播技术，以多平台分发、大时段直播的方式，突破"面对面"的时空限制、实现"屏对屏"的互动交流。组织了由新浪网和贵州广播电视台公共频道组成的专业团队，于屯堡文化节开幕之际，开展了"屯堡·家国六百年"大型文旅融合主题传播活动。自2023年9月

黄果树大瀑布（图源：《安顺日报》　卢维摄）

25日起，组织各媒体矩阵开展预热宣传，9月27日开展长达4个多小时的视频直播，短视频产品观看量超4000万次，单场直播观看量超5000万次，微博话题阅读量超8000万次，全网总阅读量突破1.7亿次，把600年前的屯堡文化在抽丝剥茧中浮现出真实面貌，与屯堡文化节系列活动的宣传形成良好互动，吸引更多人关注屯堡文化，认识屯堡价值，屯堡文化的传播力得到了一次大的突破。

三是配套开展多项活动精彩。 策划开展"新时代·唱响多彩贵州"暨安顺"21℃的城市·360度的人生"原创歌曲征集活动、屯堡山歌展演、屯堡地戏展演、花灯、高台地戏展演、虹湖音乐季活动、屯堡民俗体验活动、黄果树啤酒节·屯堡嘉年华活动等12项配套活动，活动时间从6月持续到12月，通过"展、演、赛、评"等方式，以屯堡地戏、山歌、花灯等文艺表现形式，打造特色文化产品，推动屯堡文化系统活态呈现，营造屯堡特色文化氛围，丰富群众文化生活，服务文旅融合发展。

案例三

创新打造"安心干"服务平台，数字赋能促进群众就业增收

近年来，安顺聚焦农村劳动力高质量充分就业，积极探索、开拓创新，打造了"安心干"人力资源开发和价值提升数字服务平台，利用数据赋能，促进群众高质量充分就业。

一是聚焦数据赋能，着力解决找岗难。 用好"安心干"平台数据多维度互通、多场景共用的优势，为群众外出务工提供更多优质岗位资源。与TCL集团等200余家用工企业、深圳纳才集团等16家人力资源机构、广州南沙人力资源产业园等8个产业园区签订了劳务岗位供需协议，累计收集20余万个优质岗位信息供群众选择就业。以"安心干"小程序让群众足不出户，实现"码上选岗""掌上就业"，助力群众找好工作、择优选岗位。

二是聚焦价值提升，着力解决增收难。 优岗转化促增收。重点引导月收入4000元以下务工群众，选择"安心干"平台优质岗位转岗就业增收，提供优岗转化服务5.2万余人次，帮助1.18万人实现月均5000元以上优

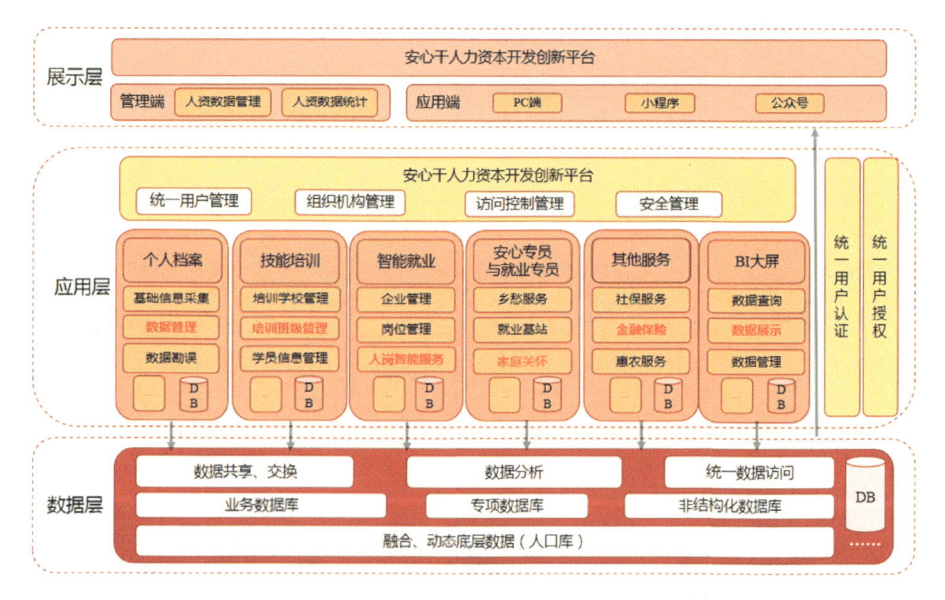

"安心干"平台体系架构图 [图源：安心人力（贵州）数字服务有限公司]

岗就业。薪资评估促增收。通过数据赋能自我价值认知，利用平台的大数据算法开展"薪资评估"4.53万次，解决群众岗位信息不对称、自我价值认知不足等问题，帮助群众找优岗获优薪。技能提升促增收。整合职业技能培训（评价）资源和"安心干"平台信息数据优势、劳务对接优势、市场化运作优势，平台上线以来，全市共开展补贴性职业技能培训25292人。

三是聚焦群众需求，着力解决服务难。 在省外融合共建劳务协作站（点）和"安心服务站"43个，帮助在外务工群众解决权益保障问题，已开展就业服务29.8万人次。推进"人社专员+安心专员"队伍建设，由平台派单帮跑帮办家中事务，为留守老人妇女儿童提供人文关怀。平台"一呼百应"功能响应18.1万次。针对因照顾"一老一小"等原因不能外出务工的群众，创新打造"安心工坊"，为群众就近就业、居家就业提供便利，目前已建成8个"安心工坊"，解决就近就业1000余人。

四是聚焦权益保障，着力解决维权难。 加强与保险机构合作，安顺户籍注册用户可免费申领10万元人身意外保险，通过平台成功输出就业3个月以上的，可享受510万元免费惠民保险、往返车费报销、生活用品赠送，切实保障务工群众安心入职上岗，目前平台已赠送人身意外保险4.7万份。整合59家律师事务所、105名律师，为外出务工群众提供法律咨询和援助服务。建立欠薪代偿机制，为通过平台发布岗位外出务工的群众提供欠薪代偿服务，让群众外出务工"不忧薪"。

2023年11月"安心干"平台参加全国第二届人力资源服务大会比赛现场

[图源：安心人力（贵州）数字服务有限公司]

2023年，"安心干"平台获首届贵州省人力资源服务大赛创新金奖，被评为贵州省2023年度数字民生省级示范项目，获第二届全国人力资源服务业发展大会人力资源服务创新创业大赛三等奖，入选"中国改革2023年度地方全面深化改革典型案例"。

案例四

穗安协作助力蜂糖李"甜蜜"产业大发展

以蜂糖李产业作为穗安农业产业协作的突破口，聚焦全产业链，共建现代农业产业园，推动蜂糖李标准化种植、产业化发展、品牌化打造，真正创响一批"土字号""乡字号"特色优势农业产业品牌。2023年，镇宁蜂糖李种植面积达到22.01万亩，总产量约5.97万吨，总销售额约30.01

亿元，带动1.5万农户6.2万人走上致富路，核心产区六马镇获评"全国乡村特色产业超十亿元镇"。

镇宁县蜂糖李种植基地（图源：新华社客户端　林民摄）

一是重选育提品质。依托广州科技资源优势，加强镇宁蜂糖李种质资源保护开发，华南农业大学和安顺农科院等科研力量联合攻关，选育优良品种，促进增产增收。制定《蜂糖李标准化种植技术暨种植月历》，组建镇宁蜂糖李种植技术服务团队，开展全过程技术跟踪服务，加强种植培训和育种，提升专业种植水准。在镇宁蜂糖李产业数字融合试点基地架设摄像头、土壤感应器、气象感应器等数字化设备，开发搭建集溯源、进销存、物流跟踪等功能数据库平台，实现供应链环节可溯，强化消费体验。

二是建体系强链条。按照"质量统一监测、产品统一包装、标准统一控制"要求，搭建以恒丰源果业为种植端、瀑乡蜜韵农业为供应链端、黄果树果业为市场端的蜂糖李产业运营体系，增强对蜂糖李产业的主导和把控。在核心产区建设运营5个集分拣包装、农残快检、糖度检测、交易结算、农资技术服务等功能的交易服务点，日均分拣能力10万斤，强化果品的供应保障。持续完善分拣包装、冷库保鲜、冷链物流等配套设施，同步引入农村淘宝、顺丰、"四通一达"等物流公司，全面畅通产品供应流通链条。提供全程冷链运输服务，确保蜂糖李新鲜程度和满意度。

蜂糖李（图源：《安顺日报》 郭黎潇摄）

三是拓渠道塑品牌。将镇宁蜂糖李列入大湾区农特产品名录，发挥广州消费帮扶联盟体系作用，整合线上线下平台资源，促进产销精准对接，助力蜂糖李进入大湾区市场。加强品牌营销推广，策划开展蜂糖李节、镇宁蜂糖李母源树鲜果线上线下拍卖、直播带货等活动，借助各种宣传媒介打造宣传矩阵，打响"镇宁蜂糖李""黄果树果业""蜜思你"特色品牌。统一镇宁蜂糖李包装、LOGO、防伪标识，申报"三品一标"，强化原产地效应，维护品牌形象。2023年镇宁蜂糖李出园价为25元/斤、终端市场零售均价为51元/斤，较2021年分别提高了38.9%、45.1%。

四是兴产业惠群众。在良田镇、六马镇等5个高标准种植示范点范围共建产业园，引领主产区其他种植标准化水平提升。投入协作资金4000万元，以蜂糖李为主导产业，共建越秀·镇宁精品水果产业园，配套建设分拣中心、冷库、包装车间，有效延伸蜂糖李产业链。依托共建蜂糖李产业园区，引进加工企业及商贸流通企业，延伸产业链条与农户红利共享，带动农户8019户35009人增收，其中贫困户3904户16994人。

课题组名单：

王洪勇　中共安顺市委宣传部常务副部长

王　敏　中共安顺市委宣传部副部长、市社科联主席、党组副书记

李承安　安顺市社科联党组书记、常务副主席

万江英　安顺市社科联副主席兼秘书长

邓小燕　安顺市社科联办公室主任

严章琴　安顺市社科联研究室负责人

花海鹤乡焕新颜

——2023年毕节围绕"四新"主攻"四化"报告

一、2023年"四新""四化"成绩单

2023年以来，毕节全市上下牢记嘱托、感恩思进、感恩奋进，以建设贯彻新发展理念示范区为总体目标，以打造"两区一典范一基地"为重点任务，以政策资源人口"三大优势"为基础支撑，以"市场换产业、资源换投资"为重要路径，以围绕"四新"主攻"四化"为重大抓手，以实施"党建五项行动"为重要保障，有力推动高质量发展，奋力谱写中国式现代化建设的毕节篇章！

（一）政策效应充分释放

2023年以来，全市争取到中央统战部、民盟中央、民建中央、全国工商联和13家省直单位出台17个差别化政策文件，累计获得6家中央单位和48家省直单位出台64个差别化支持政策文件。一是中央统战部办公厅印发《关于统一战线"地域+领域"组团式帮扶毕节的工作方案》，创新统一战线帮扶模式，在地域帮扶的基础上，分科技、产业、教育、健康、人才5个领域开展组团式帮扶。民盟中央印发《民盟中央对口帮扶七星关区义务教育高质量发展实施方案》，民建中央印发《民建"地域+领域"组团式帮扶毕节工作方案》，全国工商联书面答复同意继续推进织金全国"万企兴万村"行动典型县创建。二是省委、省政府研究出台《推动毕节人力资源开发培育可持续提升行动计划（2023—2028年）》"1+2"政策措

施，推动毕节加快建设西部地区重要的人力资源开发培育基地。三是"两换"战略深入实施。聚焦市场换产业、资源换投资，围绕"八个一批"转换方式，制订"两换"工作指引，组建"两换"工作服务团队，精准储备项目、精准招引项目、精准服务项目，推动"两换"工作走深走实。谋划储备"两换"项目380个、总投资2434.66亿元。围绕"两换"项目和重点产业，开展外出招商773次，邀请2606家企业赴毕考察。引进同方计算机、长通新能源、路德生物科技等260个"两换"项目签约落地，总投资808.72亿元，已开工206个，完成投资124.56亿元。

（二）"四新""四化"全面铺展

2023年以来，毕节抢抓国发〔2022〕2号和国函〔2022〕65号文件发展机遇，坚定不移围绕"四新"主攻"四化"，积极融入全省"六大产业基地"建设，着力推动绿色发展、人力资源开发、体制机制创新，打造乡村振兴新典范、绿色发展样板区、人力资源开发培育基地、体制机制创新先行区，建设百姓富、生态美、活力强的贯彻新发展理念示范区。

一是新型工业化步伐加快。印发《毕节市2023年推进新型工业化工作方案》，积极融入全省"六大产业基地"建设，全力推进新型综合能源基地和全国重要的资源精深加工基地建设。大力实施工业倍增行动，制定全市工业主导产业"一图三清单"（产业链图谱，在建项目清单、在谈项目清单、拟招企业清单），明确产业的主攻方向和总体布局，紧盯省级重点支持毕节发展的能源和煤化工两大工业主导产业，围绕打造新型综合能源基地、全国重要的资源精深加工基地，金沙渝南、鑫达露天煤矿，贵航新能源三期改扩建工程、威宁—道长通新能源光伏组件及配套产品生产基地建设（一期项目）、长通威宁新能源光伏新能源设备生产加工项目等一批重点产业项目建成投产，工业经济占地区生产总值比重达21%。2023年，全市规模以上工业增加值同比增长4.6%（排名全省第四位），全市工业投资同比增长41.5%（排名全省第二位）。

二是新型城镇化扩容发展。坚持生态为基、民生为本的发展理念，制定出台《关于支持七星关区全面提升区域性中心城市首位度 加快推动高质量发展的若干政策措施》，印发《毕节市2023年新型城镇化工作推进方案》《毕节市2023年城区新增常住人口工作计划方案》等系列工作方案，积极争取农业人口市民化专项资金 1.6 亿元、省级新型城镇化专项资金 7800 万元、省级城乡建设发展专项资金 3868 万元、省级新型城镇化基金 1 亿元支持城镇化建设。大力实施城市更新行动，将"四改"（城镇老旧小区改造、棚户区改造、城镇背街小巷改造、城镇管网改造）作为重点，着力提升城市空间品质。2023 年以来，实施棚户区改造开工 3799 户、建成存量棚改 29197 户，建设（改造）雨水、供水、燃气等管网 521.62 公里；中心城区新增常住人口 3 万人，全市常住人口城镇化率达 45%左右。

三是农业现代化稳步提升。围绕"八大特色优势产业"，深入实施"八大攻坚行动"，中药材、马铃薯、肉牛、家禽、烤烟等产业规模位居全省第一，林下仿野生天麻种植规模居全国第一，预计农林牧渔业总产值增长 4.2%左右。蔬菜、食用菌、水果、茶叶、中药材产量分别增长 5%、8%、7%、6%、10%，种植业实现产值 687.62 亿元，同比增长 5%。"四肉"产量 48 万吨、增长 3%，畜牧业实现产值 198.26 亿元，同比增长 3%。深入实施农产品加工转化提升行动，农产品加工转化率持续提升。大力推广山地适用农机应用和农机社会化服务模式，主要农作物耕种收综合机械化率提高到 50%以上。不断优化经营组织方式和利益联结机制，新增培育市级以上农业龙头企业 82 家，申报认定粤港澳大湾区"菜篮子"基地 24 个，新增"二品一标"农产品 28 个。

四是旅游产业化扎实推进。聚焦"两大提升"，深化"四大行动"，毕节市旅游集团纳入省级涉旅龙头企业，新增文旅规上企业 50 余家、涉旅市场主体 2000 余家，总量达 2 万余家。百里春风森林温泉旅游度假区、彝山花谷大康养旅游度假区等"十百千"重点项目取得实质性进展，旅游产业化预计完成投资 114.28 亿元。紧盯资源整合、宣传营销、服务品质、文旅融合等方面精准发力，不断丰富温泉、康养、民宿、乡村旅游等业态，建成投运花舍锶锂温泉酒店等一批温泉酒店，大方县崔苏坝露营基地创建为国家"4C"露营地，百里杜鹃温泉度假地创评为金汤级温泉度假地，百里杜鹃方家坪景区创建为国家体育旅游示范基地；推出黔西羊驼小镇、化屋露营地等新产品新业态。2023 年，接待游客 8003.56 万人次、实现旅游综合收入 805.82 亿元、游客人均花费突破千元，较 2019 年分别增长 15.23%、22.27%、10.51%。

二、2023年特色亮点展示台

案例一

毕节"五化同步"加快农业现代化发展

毕节市坚持以高质量发展统揽农业现代化工作，围绕农业机械化、农业科技化、农业产业化、农业信息化、农业绿色化"五化同步"建设，持续推进农业产业结构调整，着力构建农业现代化产业体系，助推农业现代化工作取得新成效。2023年，全市农林牧渔业总产值实现924.44亿元，同比增长3.8%。

"五彩金沙·锦绣西洛"现代生态农业园区（图源：贵州省毕节市委宣传部）

推进农业机械化发展。紧抓农机购置补贴政策支持，加大小型智能化农机装备的研制推广，以高标准农田建设为重点，巩固拓展重要农作物耕种收综合机械化率，不断提升农机"宜地化"、耕地"宜机化"水平。2023年，全市共支持各类农机补贴资金788.80万元，新建高标准农田22.6万亩，完成主要农作物机耕面积1288.41万亩，主要农作物耕种收综合机械化率预计提高到50%以上。

奋进高质量发展新征程
——贵州围绕「四新」主攻「四化」年度报告（2023）

推进农业科技化变革。 全市选派 2662 名农技人员、37 名副高级以上职称农技人员组成专家顾问团，揭榜挂帅榜单 354 个，培育生产型、经营型、技能服务型农村实用技术高素质农民 4399 人，农民实用技术培训 5 万余人次、创建示范点 1309 个。以服务特色优势产业、专业合作社、种养大户家庭农场为重点，持续加快农作物种质资源、畜禽优良品种的保护和开发利用，努力提高良种覆盖率，完成种质资源普查 1000 余份，提交省级保存资源 349 份，择优选择申报进入国家库 345 份。新选育通过省级审（认）定农作物新品种 29 个，化屋小黄姜入选农业农村部十大优异农业种质资源。

村民在贵州省毕节市金沙县禹谟镇新寨村酿醋厂晾晒豆母
（图源：贵州省毕节市委宣传部）

推进农业产业化升级。 持续优化产业结构和生产布局，提升产品质量，大力推动 8 大特色优势产业裂变式集群发展。持续扩大"乌蒙山宝·毕节珍好"区域公共品牌以及纳雍高山茶、威宁苹果等地理标志保护产品影响力，提升农产品品牌"含金量"。目前，我市累计认证的粤港澳大湾区"菜篮子"基地有 104 个，数量全省第一，中药材、马铃薯、肉牛、家禽等产业规模全省第一，林下仿野生天麻种植规模全国第一。

推进农业信息化普及。不断完善减灾防灾体系，全面提升农业气象灾害防范能力，确保病虫害预警信息发布及时准确。推进农产品质量全程追溯体系建设，加快大数据、人工智能等现代信息技术在农业领域应用，丰富和完善益农信息社公益、便民、电商惠民、信息化育民四项服务，打通农业信息传送的"最后一公里"。目前，共建成"益农信息社"2749个，覆盖全市80%的行政村，完成农产品监测1.03万批次、合格率达99.6%。

推进农业绿色化发展。大力实施化肥减量化行动，推进农业废弃物资源化利用，持续开展长江"十年禁渔"执法检查工作，有效助推农业可持续发展。目前，全市畜禽粪污资源化利用率、规模养殖场粪污处理设施装备配套率、农作物秸秆资源化利用率分别稳定在80%、95%、89%以上。

案例二

黔西市化屋村牢记嘱托描绘中国式现代化"化屋山居图"

黔西市化屋村作为习近平总书记关心关注的少数民族村寨，位于乌江源百里画廊鸭池河大峡谷东风湖北岸，总面积8.2平方公里，全村辖3个村民组284户1133人，其中苗族275户1096人，占比96.7%，有耕地1403亩。2021年春节前夕，习近平总书记视察贵州首站就来到化屋村，带来党中央的特殊关怀和亲切慰问，给予全市党员干部群众巨大鼓舞、激励和鞭策，化屋村始终牢记习近平总书记的殷切嘱托、感恩思进，不断谱写中国式现代化化屋新篇章。2022年全村人均可支配收入达2.5万元，较2020年增长翻了一番，村级集体经济积累1350万元。

一、聚焦产业发展促群众增收致富。依托化屋资源禀赋，以立足资源禀赋为优势、以党支部牵引为主导、以外引企业为支撑、以品牌建设为抓手，发展黄粑、黄牛、黄姜"三黄"产业，做活文旅融合文章，建成田坝、化屋2个黄粑加工厂，日产量均达1000公斤以上，年销售总额

奋进高质量发展新征程

——贵州围绕「四新」主攻「四化」年度报告（2023）

化屋村易地扶贫搬迁点（图源：贵州省毕节市委宣传部）

达240万余元、实现利润近115万余元，申请东西部协作资金460余万元建成冷库项目，依托联村党委产业联盟，发展商品牛养殖400头，2022年商品牛养殖实现利润50万元，化屋村益农宜旅合作社通过发展黄姜、食用菌，实现利润100万元，入社群众总计分红达60万元，开发苗绣蜡染文创产品100多种，在黔西岔白产业基地建成投运贵州化屋苗绣有限公司，全面拓宽群众增收渠道，化屋"小产业"摇身变成了致富"摇钱树"。

　　二、聚焦绿色发展促天蓝地洁水清。 坚持"绿水青山就是金山银山"的理念，种植经果林1000余亩，15度以上坡耕地应退尽退，森林覆盖率超过60%。开展生态鱼类增殖放流活动，向东风湖放流8种珍贵鱼类共10万尾。建成污水处理池126座，258户村民生活污水得到有效治理，新增垃圾箱100个、垃圾桶500个、冲洗路车1台，打开了"户分类、村收集、乡转运、县（市）处理"的垃圾处理局面。实施公路沿线绿化工程，种植栾树1465棵、三角梅5992棵。开展每月1次的水运企业船舶油污水处理情况检查和河长巡河，保持辖区水域水质常年在Ⅰ类以上。建立"播绿者受益、护绿者受奖、损绿者受罚、用绿者付费"的绿色发展机制。争取省市资金150万元，形成"天上看、地上查、河上巡、网上管、群众报"立

116

体监管模式，确保天蓝地洁水清。

黔西市新仁乡化屋村亮丽的通村路（图源：贵州省毕节市委宣传部）

三、聚焦人才保障促凝聚奋进力量。 强化组织人才保障，引入4名大学生加入村"两委"，干部平均年龄39岁，45岁以下占比70%，全日制大专以上学历占比60%，支部书记许蕾同志当选党的二十大代表，"领头雁"效应不断凸显。全村现有党员40名，其中大专以上学历占50%，45岁以下占55%，有入党积极分子13名，党员结构不断优化，队伍力量不断壮大。始终以培育提技能，以发展聚人才，全力在挖、培、争、引上下功夫，不断壮大优化化屋村人才队伍结构。挖掘苗绣传承人5人，苗族歌舞人才26人，各类致富带头人12人，拥有游船驾驶证村民8人。发挥现有各类人才优势，累计培训歌舞表演、导游服务90人次，厨师、酒店管理、苗绣蜡染等219人次，开展电商直播人才培训200余人次。组建驻村工作队1个，争取优质人才12人，其中项目型人才2人、产业型人才5人。引进化屋在外成功人士、有能力有实力的各方面人才30余人。全村人才总量不断扩大，结构不断优化，各类人才聚集化屋总量超过150人，不断激发高质量发展动力活力。

奋进高质量发展新征程——贵州围绕「四新」主攻「四化」年度报告（2023）

新仁苗族乡化屋村易地扶贫搬迁安置点苗绣车间（图源：贵州省毕节市委宣传部）

案例三

赫章县海雀村的"华丽嬗变"

海雀村位于贵州省毕节市赫章县河镇乡东北部，距乡政府所在地12公里，距县城所在地110公里，海拔2300米。全村辖5个村民组，户籍人口228户1004人。主要居住着苗族人和彝族人，其中彝族11户49人，占总人口的4.9%。全村总面积11.87平方公里，耕地面积1780亩，林地面积13700亩。海雀村是毕节试验区的发祥地，30多年来，得益于党的好政策，在各级各部门和社会各界的关心和帮扶下，海雀村很好地践行"绿水青山就是金山银山"的理念，森林覆盖率从1985年的5%上升到2020年的77.21%。据估算，海雀村的万亩林场经济价值可达8000多万元，青山变成了村民的绿色银行，实现了生态效益与经济效益的良性互动，农民年人均可支配收入从1985年的33元增加到2023年的18633元，实现了从"苦甲天下"到"林茂粮丰"蜕变。

海雀村（图源：贵州省毕节市委宣传部）

一、种好林。 海雀村坚持生态优先，绿色发展的理念，不等不靠、艰苦奋斗、积极探索，提出了"山上有林就能保山下，有林才有草，有草就能养牲口，有牲口就有肥，有肥就有粮"的生态发展模式，持续开展退耕还林、森林抚育等工程，厚植绿色屏障，向荒山要绿地，让瘦土出效益，曾经光秃秃的"和尚坡"变成了绿色银川，森林覆盖率增加到77.21%。先后被全国绿化委员会授予"全国造林绿化千佳村"、中共中央组织部授予"全国先进基层党组织"、中国生态文化协会授予"全国生态文化村"。

海雀村如今的万亩林海（图源：贵州省毕节市委宣传部）

二、护好林。 为了保护好全村人历尽千辛万苦种下的林木，从种

★ 花海鹤乡焕新颜 ★

下树的那天起，海雀村党支部和村委会就制定"七不乱、七不准"村规民约，组建了护林队护林，落实了巡林责任，不管是否防火期，不分是否晴雨雪，三十多年如一日，一代接着一代护，海雀村万亩林场从未发生过山林火灾和盗伐林木的现象，严格的林木保护措施与制度，不仅有效保护了海雀村万亩林海，还为海雀村林业产业发展奠定了坚实基础。

三、用好林。 如今全村生态林地遍布海雀133个山头，林业经济价值8000万元以上。农户每年采摘松果户均可增收5000元左右。海雀村大力实施村寨道路、农户庭院硬化、农村改厕、改圈、改灶等"三改"工程，完善了农村垃圾收集、污水处理设施，全村生活垃圾处理率100%，"单株碳汇"是贵州生态文明建设的创新项目之一，2020年海雀村成为贵州省单株碳汇精准扶贫试点之一，该村50户群众每户450棵树参与项目，共计22500棵树；每棵树每年3元碳汇收入，每户每年收入1350元，单株碳汇项目全村每年总收入达67500元。2022年4月29日全省第一张集体林业碳票在海雀颁发，经过专家测算，该张碳票涉及林地面积7346.5亩，2016年至2020年碳减排量34627.7吨，已经与贵州大方农商行按照55元/吨的价格成功交易2620吨，售价14.41万元。按照这个价格，这张林业碳票价值190万余元，能够为全村农户户均增收8300元以上，真正让"碳票"变"钞票"，让"青山"变"金山"，助推实现乡村振兴开辟了绿色发展惠民新路径。

案例四

七星关区"小鸡蛋"孵出惠民"大产业"

近年来，七星关区着力发展蛋鸡产业，将蛋鸡作为全区"一主两辅"重点产业来抓，并通过积极争取东西部协作资金、省级农业产业发展专项基金支持蛋鸡产业发展。在全区产业发展中，毕节盛园蛋业有限公司全产业链致力于打造以安全检测为核心，以大数据平台为支撑，以完整的全国购销网络为依托的蛋鸡养殖一体化项目，有效带动了地方经济社会的发展。

七星关区撒拉溪镇蛋鸡养殖场（图源：贵州省毕节市委宣传部）

一、高产值保障高收益。 2023 年，七星关区立足资源优势，通过招商引资、争取资金项目扶持等方式，鼓励当地能人和区内外企业大力发展蛋鸡养殖，通过智能化设备，实现蛋鸡养殖全流程自动化，以产业振兴推进乡村振兴，带动农户增收、农业增效。目前基地养殖规模为80万羽，在确保鸡蛋品质，保障销量的同时，基地加快推进养殖场建设，与七星关区龙凤蛋鸡养殖有限公司、七星关区茂源家禽养殖有限公司、毕节市草上云海养殖有限公司形成产销同盟，实现管理互联、资源互享、货源互补，将4个养殖基地蛋鸡总存栏发展到220万羽，年度总销售额增收高达3.5亿元。

二、拓销路促进大产业。 生产车间单日产蛋高达1000余件。得益于东西部协作契机，在销路上，公司与广州、杭州、上海等城市的多家大型商场、超市签订生产订单，形成稳定的供销关系。其中，销往广州深圳的鸡蛋占比达85%左右，与广州胜佳超市、华润万家超市、广州钱大妈供应链有限公司形成了长期稳定的合作关系。为推动本地经济内循环，公司也向七星关区、纳雍县、赫章县、威宁县及金沙县学生营养餐配送公司配送鸡蛋，配送学校约2400所，覆盖学生约70万人，每日鸡蛋需求量约50万枚。毕节盛园蛋业有限公司蛋鸡养殖基地，小鸡蛋不仅"闯出"了新天地，更是发展成了惠民的大产业。

三、暖民生持续稳就业。作为乡镇富民企业，在大力发展经济的同时，高度重视带动效应，吸纳本地群众为务工人员，让群众实现在家门口增收，助力乡村振兴。流转了136户农户的土地，按照每亩土地每年800元，每5年递增10%的标准，定期向涉及农户支付土地流转费用，有效增加群众的财产性收入。当地务工群众除了参与务工获取相应的工资，其中一部分群众还通过流转土地和参与入股分红，从而增加了更多的收入。先后带动吸纳农户236户640人就近就业。其中，脱贫户128户467人，当地用工比例达95%。

工作人员在贵州省毕节市七星关区撒拉溪镇毕节盛园蛋业有限公司蛋鸡养殖车间忙碌（图源：贵州省毕节市委宣传部）

截至2023年底，七星关区禽蛋产量4.98万吨，总产值12.1亿元。存栏10万羽以上的蛋鸡规模养殖场增加至12个，5000羽以上生态家禽养殖基地19个，跑山鸡养殖基地90个。

课题组名单：
李　丽　中共毕节市委宣传部副部长（分管常务工作）
李　勇　中共毕节市委宣传部媒体联络服务中心负责人
刘国琪　中共毕节市委宣传部理论科负责人
朱颛云　中共毕节市委宣传部工作员

武陵之都提新质

——2023年铜仁围绕"四新"主攻"四化"报告

一、2023年"四新""四化"成绩单

2023年，铜仁市深入贯彻党的二十大精神和习近平总书记视察贵州重要讲话以及对贵州对铜仁工作重要指示批示精神，坚持以高质量发展统揽全局，围绕"四新"主攻"四化"主战略，组织召开"四新""四化"项目观摩暨开发区建设推进会，实施领导干部领衔推动"四化"项目"十百千"专项行动，使出"闯"的干劲、拿出"抢"的状态、保持"干"的激情，生态文明引领绿色铜仁现代化建设迈出坚实步伐。

新型工业化提速发展

铜仁市充分利用锰矿资源等比较优势，把新型工业化作为经济高质量发展首要任务，把新型功能材料作为新型工业化首位产业，先后出台《关于支持铜仁市打造国家级新型功能材料战略性新兴产业集群的若干政策措施》《关于加快新型功能材料产业发展奋力打造千亿级国家战略性新兴产业集群的实施意见》等文件，构建"一核五区"发展格局。

加快发展新型功能材料优势产业集群与产业链条，引领发展战略性新兴产业和未来产业，开辟发展新领域新赛道、塑造发展新动能新优势，初步形成以"锂电池及材料、钠电池及材料、废旧电池回收利用"三条产业链为支撑的新能源电池及材料发展体系，助力铜仁工业实现绿色转型领跑，实现了铜仁市新型功能材料产业从"无中生有"到"风生水起"的嬗

变。铜仁市新型功能材料产业集群成为全省两个进入"首批国家战略性新兴产业集群名单"的产业，站在了"国家队"里。

中伟新材料股份有限公司于2020年12月在深圳证券交易所挂牌上市，成为铜仁市首家上市企业，实现了铜仁市上市企业零的突破，更是继贵州茅台之后贵州省第二大上市公司，打响了铜仁新型功能材料产业的知名度。

如今，在铜仁，尤其是在"一核五区"的核心区大龙开发区，已有中伟新材料、红星发展、贵州能矿集团、汇成新材料、嘉尚新能源、中科星城、凯金新材料、鹏程新材料等锂离子电池正负极材料、废旧电池循环回收上下游产业链企业，新型功能材料产业集群发展雏形已显。目前，铜仁市已建成以中伟为代表的镍钴锰三元前驱体产能15万吨，全球市场占比25%；锂电池负极石墨材料24.5万吨，全国市场占比15%；电池用高纯硫酸锰产能23万吨，全国市场占比60%。

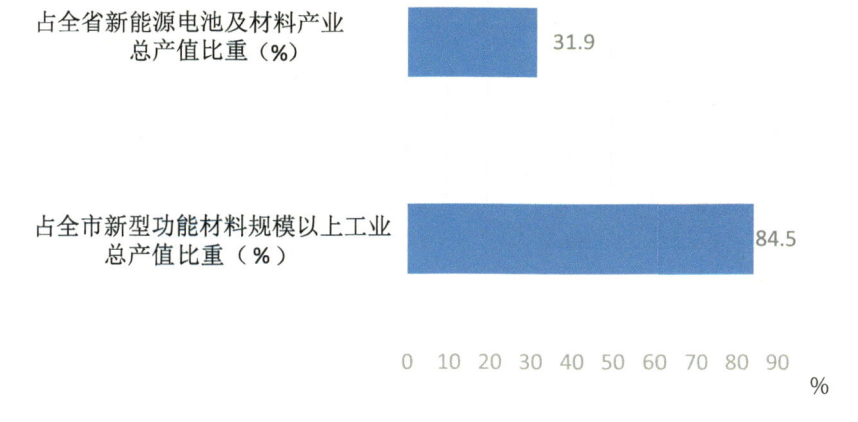

占全省新能源电池及材料产业总产值比重（%）	31.9
占全市新型功能材料规模以上工业总产值比重（%）	84.5

新能源电池及材料产业占全市新型功能材料产业
及全省新能源电池及材料产业产值比重

新型城镇化建设暖心惠民

铜仁市持之以恒打造山水园林城市，全力建设舒适宜居的城镇生态。利用良好生态资源，构建蓝绿交织、水城共融、多组团紧凑发展的生态城镇布局。加快推动黔边城市带崛起，推动乌江城市带跨域发展，着力构建以碧江、万山为主城区，松桃为副中心，江口、玉屏为节点的"一主一副两节点"铜仁城镇组群，推动环梵净山特色城镇圈建设，推动德江思南印江同城化发展，加快发展小城镇和特色小镇，形成"两带、两组群、一圈"城镇空间格局。深入实施"强中心城区"行动，大力实施环境卫生、交通秩序等"四整治"和城市绿化、污水处理等"四提升"行动，人居环境显著改善。出台促进房地产发展"十九条"。在全省率先开展"带押过户""交房即交证"改革试点，全省第一笔跨行和公积金"带押过户"业务在铜仁办理。

铜仁市碧江区中南门历史文化旅游区（图源：铜仁市融媒体中心记者　代旭东）

城镇生活品质进一步提升。扎实推进城镇"四改"，完成棚户区改造20462户（套）（其中，新增棚户区改造500户），实施老旧小区改造44个25319户，完成背街小巷改造248条，完成城镇地下管网建设（改造）407.6公里。加快市政基础设施项目建设。实施城市道路11条，新增道路里程11.27公里，新建城镇公厕1座，新增城市绿道41.41公里，累计建成停车位8013个、新能源充电站23座（充电桩368台）、5G基站3169个，全市累计完成城建投资117.01亿元。

城镇服务水平进一步提升。大力实施医疗卫生设施建设。铜仁市省级区域医疗中心建设项目教学科研实训基地投入使用，完成6个县域医疗次中心建设项目科室建设、人员培训、设备配置。建成市县乡三级远程医疗服务体系，所有乡镇卫生院均能向市县级医院发起远程医疗申请。加强教育基础设施建设。全市新建改扩建公办幼儿园15所、新增学位4350个，新建改扩建中小学6所、新增学位8930个。完善社会福利设施。全市每千人口拥有3岁以下婴幼儿托位4.12个，全市投入运营养老机构108个，可提供床位7668张。

城镇安全韧性能力进一步提升。加强园林城市建设，全市新增公园100.1公顷，新增绿道41.41公里，建成林荫路28.47公里。玉屏县获得省级园林城市称号。加大污水、垃圾处理治理力度，新建江口县和松桃县污水处理厂，全市县城及以上生活污水处理率达97%，全市县城及以上城市生活垃圾处理率为98%。加强环境空气质量管理，全市县级以上城市环境空气质量平均优良天数比率为97.9%。

铜仁市2023年新型城镇化工作成效

序号	名称		数量	备注
1	扎实推进城镇"四改"	完成棚户区改造	20462户（套）	共25319户
		新增棚户区改造	500户	
		实施老旧小区改造	44个	
		完成背街小巷改造	248条	
		完成城镇地下管网建设（改造）	367.21公里	
2	加快市政基础设施项目建设	实施城市道路	11条	
		新增道路里程	11.27公里	
		新建城镇公厕	1座	
		新增城市绿道	41.41公里	
		累计建成停车位	8013个	
		累计建成新能源充电站	23座	
		累计建成新能源充电桩	368台	
		累计建成5G基站	3169个	
		累计完成城建投资	117.01亿元	

续表

序号	名称		数量	备注
3	大力实施医疗卫生设施建设	完成县域医疗次中心建设项目科室建设、人员培训、设备配置	6个	
4	加强教育基础设施建设	新建改扩建公办幼儿园	15所	
		新增学位	4350个	
		新建改扩建中小学	6所	
		新增学位	8930个	
5	完善社会福利设施	每千人口拥有3岁以下婴幼儿托位	4.12个	
		投入运营养老机构	106个	可提供床位7178张
6	加强园林城市建设	新增公园	100.1公顷	
		新增绿道	41.41公里	
		建成林荫路	28.47公里	
7	加大污水、垃圾处理治理力度	县城及以上生活污水处理率	97%	
		县城及以上城市生活垃圾处理率	98%	
8	加强安全管理	县级以上城市环境空气质量平均优良天数比率	97.90%	

现代农业化迈出坚实步伐

2023年，铜仁市大力实施粮油单产提升、农田建设提升、家庭农场提升、农机应用提升"四大工程"，深入开展"菜篮子"保供、生态食品饮品药品产业提质、促进农民增收、"接二连三"融合"四大行动"，绿色铜仁农业现代化建设迈出坚实步伐。

2023年，铜仁市农林牧渔业总产值578.23亿元，同比增长4.5%，增速高于全省平均水平0.5个百分点，排名全省第一。全市农村常住居民人均可支配收入14225元，增幅8.5%，增幅排名全省第一。

128

2019—2023 年农村常住居民可支配收入

年份	农村常住居民可支配收入绝对值（元）	增速（%）
2019年	10259	10.7
2020年	11100	8.2
2021年	12291	10.7
2022年	13116	6.7
2023年	14225	8.5

铜仁市 2019—2023 年农业总产值分布

年份	农业总产值（亿元）	增速（%）
2019年	427.99	5.8
2020年	497.56	6.8
2021年	543.58	9.6
2022年	569.37	4.2
2023年	578.23	4.5

建成生态茶、生猪、蔬菜三个百亿级产业集群，冷水鱼养殖规模全省第一，建成全国单个最大工厂化鹿茸菇生产基地。

印江宏源农业综合开发有限公司被农业部认定为 2023 年农业国际贸易高质量发展基地，推荐同德药业、思南佳里佳申报国家级龙头企业。

"梵净山珍·健康养生"等 9 个区域公用品牌被列入第一批贵州农产品区域公用品牌目录，贵福菌业"蘑菇家"鹿茸菇被列入《中国农业品牌目录 2022 年农产品品牌名单》。

在 2023 中国茶叶区域公用品牌价值评估中,"梵净山茶"品牌价值达 39.95 亿元、排名第 29 位。

全年农产品出口 27322 万元,同比增长 69.03%,居全省第二。

旅游产业化高质量发展

2023 年,铜仁市围绕"资源、客源、服务"三大要素,持续推进"两大提升""四大行动",加快打造生态旅游示范区建设,推动旅游产业化高质量发展。

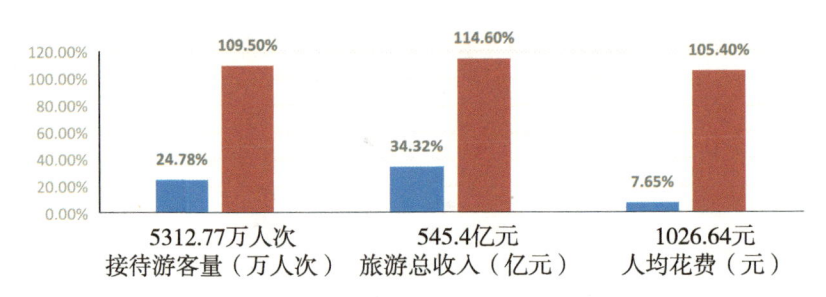

	接待游客量（万人次）	旅游总收入（亿元）	人均花费（元）
铜仁市2023年接待情况与2022年同比增长（%）	24.78%	34.32%	7.65%
铜仁市2023年接待情况恢复至2019年同期水平（%）	109.50%	114.60%	105.40%
数值	5312.77万人次	545.4亿元	1026.64元

铜仁市 2023 年旅游接待情况

坚持高位推动,着力构建生态旅游发展大格局。召开了市委三届七次全会重点研究生态旅游工作,审议通过《中共铜仁市委 铜仁市人民政府关于推动生态旅游高质量发展三十条措施》,为强力推进旅游产业化工作提供坚实保障。

抓市场主体培育,着力提升生态旅游发展活力。梵净古邑集团、三特梵净山旅业公司获评为 2023 年省级服务业龙头企业。新引进上海锦江、云南匠庐、贵旅集团等优强企业。

抓旅游业态升级,着力完善生态旅游发展体系。中南门历史文化旅游区被评为国家级休闲旅游街区。石阡古温泉景区·石阡仙人街景区荣获 IMTA（国际山地旅游联盟）国际山地温泉康养旅游先行示范点认定。原创音乐剧《平箫玉笛》获邀参加第二届全国优秀音乐剧展演。高规格举办了 2023 贵州铜仁·梵净山马拉松等 IP 赛事，铜仁龙舟赛热度位列全国龙舟赛第二位。江口川上语入选 2023 年"多彩山居·醉美心宿"贵州十佳民宿。

抓服务质量提升，着力优化生态旅游发展环境。梵净山景区荣获第二批全国文明旅游示范单位称号。梵净星空艺术馆入选 2023 年贵州省智慧旅游典型案例。

数字经济风生水起

2023 年，铜仁市坚持"应用驱动·融创发展"，以数据为关键要素，协同推进数字产业化、产业数字化。围绕全域智慧旅游、数智交通、新材料、特色农业等，谋划了一批具有市场前景、可复制推广的应用场景。做大做强平台经济产业链，加快网络货运转型发展，打造"数字车间""智慧工厂""智慧景区""智慧农场"，推动大数据与实体经济深度融合。加快"东数西算"灾备中心建设，支持铜仁数据职业学院发展。推动数字政府建设，加强"一云一网一平台一体系"建设，提升数字化治理水平。重点推进碧江数字科创产业园、万山大数据产业园、铜仁高新区大数据电子信息产业 3 个百亿级园区建设。

2023 年，铜仁市大数据产业实现产值 91 亿元。

二、2023 年特色亮点展示台

案例一

铜仁抓住产业"风口" 发展新质生产力

"这是我们自主设计的利用硫化锰渣制备新能源汽车动力电池正极材料前驱体材料的生产线，也是被认定为全球首条利用硫化锰渣制备动力电池材料的生产线。在生产过程中原料成本降低 22%，用电消耗降低 90%，耗水量降低 50%。"2023 年岁末，汇成新材料公司产业园总经理曾昭华介绍，公司锰渣综合利用生产技术不仅让锰渣"榨干吃净"，实现"锰循环"加工利用的同时"变废为宝"，在国际锰行业循环经济上实现重大突破。

奋进高质量发展新征程——贵州围绕「四新」主攻「四化」年度报告（2023）

中伟铜仁（上市主体）产业基地
(图源：贵州大龙经济开发区新闻信息中心　郭洪成摄)

专注于创新型高新技术研发，汇成新材料公司从国家战略新兴产业的新能源、新材料领域供应链不断发力，面向新能源电池提供锰系基础材料、前驱体材料以及正极材料，融入新能源汽车发展大潮。当前公司研发的电池用硫酸锰产品占全球60%的市场份额，成为全球锰基先进电池材料的领航者。

贵州大龙能矿锰业集团有限公司
(图源：贵州大龙经济开发区新闻信息中心　郭洪成摄)

近年来，铜仁市牢牢守好发展和生态两条底线，围绕"四新"主攻"四化"，充分利用锰矿资源等比较优势，着力做大新型工业，构建"一核五区"发展格局，加快发展新型功能材料优势产业集群与产业链条，整合科技创新资源，引领发展战略性新兴产业和未来产业，加快形成新质生产力，构建现代化产业体系，开辟发展新领域新赛道、塑造发展新动能新优势。

贵州印发《关于支持铜仁市打造国家级新型功能材料战略性新兴产业集群的若干政策措施》，将铜仁市新型功能材料产业集群建成千亿级战略性新兴产业集群，加快建成全国新型功能材料产业集聚基地、全国锰产业绿色转型和高质量发展示范基地，打造电池材料和锰基功能材料两大产业链。目前，铜仁市新型功能材料集群成为全国66个战略新兴产业集群之一。

培育新产业，激发新质生产力。大龙经开区以三元前驱体、三元正极、硫酸锰、锰酸锂、锰基钠离子等新能源电池材料产业为代表的新型功能材料产业集群正加快形成，新型功能材料首位产业呈现纵向成链、横向成群、领跑行业、势头强劲的发展态势，朝着"打造新型功能材料产业集群高地、建设千亿级产业园区、创建国家级开发区"的奋斗目标大踏步前进。

2023年铜仁市新型功能材料产业完成规模以上工业总产值262.7亿元，占全市规模以上工业总产值的54.7%，其中新能源电池及材料产业完成规模以上工业总产值222亿元，占全市规模以上工业总产值的46.25%，占全市新型功能材料规模以上工业总产值的84.5%，占全省新能源电池及材料的31.9%。

案例二

印江老旧小区改造筑就宜居"幸福巢"

近年来，印江自治县聚焦解决群众关注的热点、痛点、难点问题，将老旧小区改造纳入全县重点民生工程，结合小区实际情况，通过广泛开展民意征集，科学规划设计，积极推动老旧小区改造，最大限度满足居民生活需求，进一步提升城市形象和居民幸福指数。

住有所居、安居宜居，是千家万户的共同心愿。在老旧小区改造中，重点消除外墙立面安全隐患，对楼梯间的网箱、电表箱、墙面线和路灯进行改造，楼梯间扶手栏杆、单元门进行更换，并对墙面进行重新粉刷，小区的环境得到改善和提升，居民的出行安全得到保障。

家住柏香林安置片区的陈丽平，在小区生活了快二十年，她对小区感情很深，同时对之前小区脏乱差的环境印象深刻。"以前的电线私拉乱接，居民楼没有门，进出人口杂，墙上全是贴的广告，现在小区环境干净、安全，家家户户都很满意，都很支持改造。"看着小区旧貌换新颜，陈丽平和小区居民们赞不绝口，大家都说现在的生活真是幸福又舒心。

同样，县民政局安置片区不少建筑因年限久，各项设施设备老化，存在管道破旧、屋顶漏水等情况。通过改造，不但更换了天然气管道和排水管线，还对年久失修的屋顶重新做防水加固，彻底解决居民楼顶长期漏水难题。

该片区居民文冲回忆，他家住在顶楼，原来屋顶的防水没有改造之前，一到下雨天，家里面就会渗水，很闹心，让人头疼。"通过给排水管线和屋面防水改造，再也不用担心下雨屋内会滴水了，住起来心情愉悦了很多。"文冲实实在在地感受到老旧小区改造带来的实惠。

据悉，2023年，印江自治县实施民政局安置片区、柏香林安置片区、东郊商贸城片区等5个老旧小区改造项目，惠及137栋房屋2174户居民。下一步，印江将继续抓牢项目品质提升，在保证建设工程质量安全的前提下，工作多措并举、突出重点，有序推进项目进度，将老旧小区改造工程打造成群众满意的民心工程、放心工程。

案例三

梵净抹茶香溢天下　现代农业春意正浓

数声春雷响，惊破一瓯春。

梵净三月，春水生茶。惊蛰刚过，梵净山下江口县的万亩高标准抹茶基地开始冒出新芽。位于江口县凯德工业园区贵州铜仁贵茶茶业股份有限

贵州梵净山大健康医药产业示范区黔惠德特色食品加工厂，工人加工抹茶月饼场景
（图源：贵州梵净山国家级自然保护区管理局　李鹤摄）

公司（简称铜仁贵茶公司）的"世界抹茶超级工厂"内，全球最先进的4条抹茶精制生产线正开足马力加紧生产，每天产出10吨抹茶，满足国内外市场需求。该公司副总经理兰方强表示，2023年，铜仁贵茶公司实现抹茶总产量1200吨、抹茶总产值2.4亿元。抹茶系列产品出口到德国、美国、新加坡、马来西亚、澳大利亚等全球40多个国家及地区。2024年，公司将持续做大体量，搭上"一带一路"快车，进一步打造贵州抹茶品牌，提升贵州抹茶的全球份额。这是铜仁厚植高质量发展的绿色生态优势，推进现代农业产业发展的一个缩影。

近年来，铜仁以抹茶产业为突破口，大力发展茶叶精深加工，不断延长产业链、提高产业附加值、提升产业综合效益，逐渐走出了一条不同于东部、有别于西部及省内其他市州茶产业发展的特色化、差异化、高端化之路。2018年铜仁被中国国际茶文化研究会、中国茶叶流通协会分别授予"中国抹茶之都""中国高品质抹茶基地"称号，抢占了抹茶发展先机，促进了生态茶产业提质增效、转型升级发展。目前，全市建成高标准建设抹茶原料基地3万亩、国家级良种适制抹茶示范园1个，计划三年内标准化抹茶基地达到 8 万亩。引进培育抹茶龙头企业 1 家、碾茶生产企业 23 家。组建了以贵州贵茶集团公司为龙头的抹茶产业联盟，成功申报注册了"梵净抹茶"商标，先后举办了 2018 贵州梵净山国际抹茶文化节，2019、2020、2023 梵净山抹茶大会等大型茶事活动 4 次，抹茶产品供不应求。

2023 年，省委省政府提出"两绿三红一抹"的发展格局，把抹茶产业上升到省级茶产业发展的高度，铜仁也出台了做大做强抹茶产业的行动方案。下一步，铜仁将从强化基地建设、推进加工升级、培育经营主体、丰富产品体系、深化品牌创建、拓展市场渠道等多方面发力，力争把铜仁建设成为中国抹茶的主要原料基地，把"梵净抹茶"培育成为中国抹茶的知名品牌，做实"中国高品质抹茶基地"、擦亮"中国抹茶之都"品牌。

案例四

铜仁深入推进生态旅游产业化高质量发展

2023 年，铜仁守好发展和生态两条底线，坚持以生态文明引领高质量发展，深入推进"四大行动"，聚焦"一山一水一城"，充分发挥生态资源，加大优质旅游产品和服务供给，丰富旅游业态产业集群，推动旅游资源联动发展，形成体旅、康旅、文旅、农旅、工旅协同发展的良好格局，不断拓展"两山"转换新路径，全力打造生态旅游示范区，生态旅游高质量发展取得新成效。

一山一水：擦亮"金招牌"，厚植生态旅游"家底"

生态厚度就是发展禀赋。近年来，铜仁牢牢守好发展和生态两条底线，先后出台《梵净山保护规划》《铜仁市锦江流域保护条例》《铜仁市梵净山保护条例》《铜仁古城保护条例》等系列制度法规，以最严的保护措施，守好绿水青山。

铜仁市梵净山蘑菇石景点（图源：铜仁市融媒体中心　代旭东摄）

一城一景：城乡联动，打造多元化旅游新业态

以生态资源为"卖点"，万山区高楼坪乡青年湖村着力打造"市郊农旅经济"，年接待游客近10万人次，带动村民人均年收入超3万元。青年湖村旅游热潮的兴起，离不开朱砂古镇建设的"虹吸效应"。4公里开外，昔日"丹砂王国"的老矿区成为热闹繁华的朱砂古镇旅游景区，景区多元化的沉浸式体验新空间，成为周边乡村旅游"流量"的新引擎。

入夜，漫步铜仁中南门历史文化旅游区。绚烂霓虹装扮醉人夜色，大小街巷，美食飘香，升腾起浓浓烟火气；雕花亭台，小榭轻纱，舞龙、傩戏、花灯、四面鼓、上刀梯下火海……精彩轮番上演，游客流连忘返；贵州黔绣非遗文化体验馆、苗银手工艺、布依族蜡染文创、抹茶茶艺馆、"土特产"专卖店……一方方"小空间"的背后，牵动着黔东各地乡村的大产业和千千万万群众就业增收。

一赛一旅：赛事火热，点燃生态旅游新模式

最近几年，铜仁推出"梵净山马拉松"品牌赛事活动，打造全国首条具备承办中国田协A类马拉松赛事的全封闭式赛道，赛道全长43.742公里，赛事全程数据化、可视化、智能化，在青山绿水间点亮运动与健康的新坐标。

2023贵州铜仁市梵净山马拉松（图源：铜仁市融媒体中心　杨飞摄）

2023年4月，"梵净山水·智慧领跑"主题赛事，吸引了来自全国29个省市5000名运动员齐聚桃源铜仁。眼下，2023贵州铜仁·梵净山冬季马拉松以"奔跑吧·铜仁！"为主题，累计报名共9806人，火热赛事开辟冬季旅游新赛道。

铜仁市结合特色资源，在"体旅""文旅"上下足功夫，以赛事参与、文化节日活动，打破传统游山玩水旅游的表层感官体验，深化游客参与感、互动感、仪式感、品质感的深层需求，为生态旅游注入新活力。一赛一旅，打开新场景、新玩法、新模式，升级传统文化节日、赛事活动、论坛等旅游"软服务"，打造生态旅游高质量持续发展的新增长点，不断擦亮"梵天净土·仁义铜仁"的金字招牌。

案例五

万山"数实融合"赋能传统企业转型升级

近年来，万山区通过"数字技术"与"实体经济"融合发展，把大数据、物联网、"5G+"等先进技术应用到传统产业发展中来，成功促使传统企业向工业化、智慧化、现代化企业转型。

贵州康盛达食品有限公司是一家集生产、销售于一体的蛋鸡养殖基地，同时也是目前铜仁市单体规模最大、自动化程度最高的蛋鸡养殖基地。该公司依托贵州金蛋数链科技公司的蛋链网大数据平台，通过大数据养殖管理，目前已实现标准化、自动化、智能化的高效、高产蛋鸡养殖。

"我们的平台主要是通过物联网把鸡舍里的料塔数据、用水数据以及环控数据和视频系统接到平台，养殖场管理人员可以在办公室里就能看到整个生产的全貌。"贵州金蛋数链科技公司蛋链大数据平台负责人唐超介绍道。

通过与移动运营商合作，蛋链网大数据平台打造"5G+蛋鸡产业数字化"应用场景，将鸡蛋的生产流程数字化，让农业生产看得见摸得着。

"5G的应用场景可以为蛋鸡养殖企业推送最需要的信息和技术，实现了蛋鸡产业生产关键信息的实时云端采集，以及蛋鸡产业经营数字化、饲养精细化、管理标准化，对市场动向进行分析，为养殖企业提供决策支持。"贵州移动铜仁分公司行业经理杨铃说。

得益于蛋链大数据平台提供的自动化精准环境控制系统、精准饲喂管理系统以及AI智能鸡蛋计数系统，贵州康盛达食品有限公司的管理人员可以实时查看整个鸡舍的数据，对鸡舍进行监管。曾经一栋鸡舍需要上百名工人才能管理，现如今只需要1名到2名即可，养殖效率比传统养殖方式高出几倍。

贵州康盛达食品有限公司还依托与蛋链大数据平台合作的贵州贵安供应链科技有限公司，建立了品牌溯源系统和贵州鸡蛋销售供应链体系，打通销售渠道，实现与粤港澳大湾区和东盟市场的无缝衔接。

"走上智慧化养殖路子后，我们公司的效益也越来越好。目前公司是存栏100万羽蛋鸡，每一天的鸡蛋大概有90多万枚，一年的产值大概是两个多亿。"公司总经理王章说。

  蛋链大数据平台以产业链金融为切入点，借助金融服务建立平台与养殖企业的黏性。在此基础上，接入上游的供应商、下游的采购商，建立起养殖企业与供应商、服务商、销售商的服务链接，成功让传统养殖企业向工业化、智慧化、现代化企业转型。

课题组名单：

邓仕雄　中共铜仁市委宣传部常务副部长
谭晓红　中共铜仁市委宣传部副部长
张　蓓　中共铜仁市委宣传部理论研究室负责人
阙福萍　中共铜仁市委宣传部理论研究室工作人员
张著昶　铜仁市融媒体中心高级记者
杨　凡　铜仁学院博士

苗侗大地爆出圈

——2023年黔东南围绕"四新"主攻"四化"报告

一、2023年"四新""四化"成绩单

2023年，黔东南州深入贯彻党的二十大精神和习近平总书记视察贵州重要讲话精神，坚持稳中求进的工作总基调，坚持以高质量发展统揽全局，坚持围绕"四新"主攻"四化"，奋力推进"桥头堡"建设，全力推动经济回稳向好，全州经济稳步回升，高质量发展质效增强。

（一）出台文件情况

2023年，黔东南州坚持围绕"四新"主攻"四化"，出台了一系列文件，奋力推进"桥头堡"建设。新型工业化方面，出台了《州人民政府办公室关于印发黔东南州金融支持"5+N"现代工业产业体系实施方案的通知》《中共黔东南州委办公室 黔东南州人民政府办公室关于调整并规范开发区（园区）主导产业的通知》《黔东南州"万企融合"大赋能行动实施方案》《黔东南州"5+N"工业产业"一图三清单"》。新型城镇化方面，出台了《州人民政府办公室关于印发黔东南州城镇生活污水治理三年攻坚行动方案（2023—2025）和黔东南州生活垃圾治理攻坚行动实施方案的通知》《黔东南州城镇生活污水处理设施运行管护指导意见（试行）》《黔东南州畅通城乡要素流动促进房地产市场良性循环和平稳健康发展工作方案（试行）》《关于在城乡建设中加强历史文化保护传承的实施方案》《州人民政府办公室关于加快发展保障性租赁住房的实施意见》《黔东南州2023

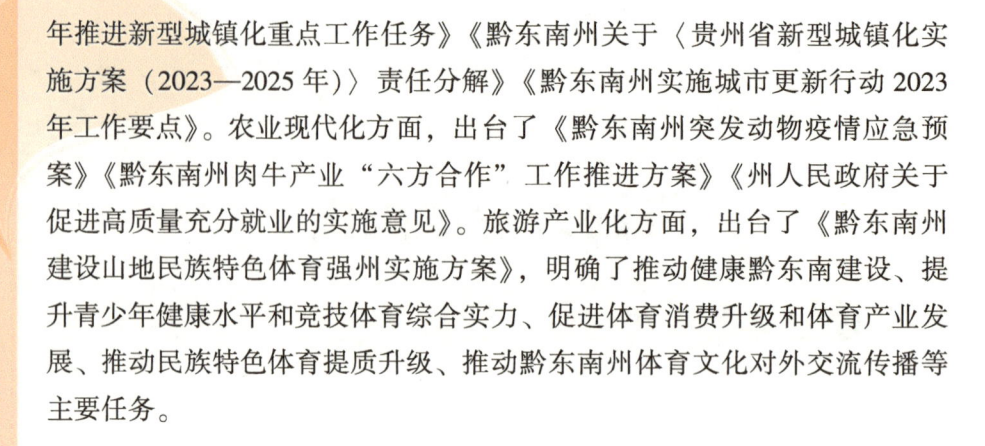

年推进新型城镇化重点工作任务》《黔东南州关于〈贵州省新型城镇化实施方案（2023—2025年)〉责任分解》《黔东南州实施城市更新行动2023年工作要点》。农业现代化方面，出台了《黔东南州突发动物疫情应急预案》《黔东南州肉牛产业"六方合作"工作推进方案》《州人民政府关于促进高质量充分就业的实施意见》。旅游产业化方面，出台了《黔东南州建设山地民族特色体育强州实施方案》，明确了推动健康黔东南建设、提升青少年健康水平和竞技体育综合实力、促进体育消费升级和体育产业发展、推动民族特色体育提质升级、推动黔东南州体育文化对外交流传播等主要任务。

（二）召开会议情况

围绕"四新"主攻"四化"任务，召开了一系列会议，安排部署了一系列工作。2023年4月23日，召开州委常委会暨州委财经委员会会议，分析研究一季度经济运行情况。7月28日，召开全州半年经济工作会议，提出要全力以赴狠抓产业发展，抢抓机遇扩大有效投资，乘势而上打造"桥头堡"，要用心用情保障改善民生，严防死守确保安全稳定。10月18日，全州耕地保护目标考核工作专题调度会议召开。10月25日，召开州政府第77次常务会议，分析研究全州前三季度经济形势安排部署四季度工作会议。11月23日，州政府分管领导组织召开关于研究保交楼工作及岑巩幸福壹号二期等4个项目资金使用情况专题会议。12月27日，召开州委十一届六次全会暨州委经济工作会议，安排部署了2024年全州经济工作。新型工业化方面，召开了"加快园区主导产业培育，促进经济高质量发展"座谈会。新型城镇化方面，召开了关于研究保交楼工作及凯里银时尊府等7个项目资金使用情况专题会议，关于研究保交楼和棚改工作专题会议。农业现代化方面，承办了全国农村改厕技术和农村人居环境整治提升工作培训会，召开了全州耕地保护和粮食安全工作会议、全州国有土地出让和耕地保护工作会议、全州耕地保护和粮食安全工作专题会等重大会议，全州"四化"等产业基金工作推进、助推开展"从江瑶浴"产业高质量发展专题会议、部署进一步加强耕地保护相关工作专题会议、林业有关工作等专题会议。旅游产业化方面，召开了研究生态旅游康养区2023年重点工作专题会议、黔东南州生态旅游康养区2023年重点工作任务专题会议、西江千户苗寨景区创建国家 5A 级旅游景区和西江运营公司上市工作专题会议、岑巩龙鳌河等风景名胜区总体规划调整事宜、全州"四化"等产业基金工作推进专题会议、黔东南州"传统村落+"融资建设项目专题会议、《㵲阳河风景名胜区总体规划（2023—2035 年）》修编推进工作专题会议、开通"村超""村 BA"专列事宜专题会议、《㵲阳河风景名胜区总体规划（2023—2035 年）》范围调整事宜等专题会议。

（三）创新及成效

2023 年，黔东南州紧扣"四新"主攻"四化"主战略，举全州之力把"桥头堡"建设作为推动高质量发展的重要支撑载体，不断提升融入粤港澳大湾区动能。

创新合作模式，产业发展新动能得以提升。按照"项目好则发展好"的发展理念，以"大湾区企业+贵州资源""大湾区市场+贵州产品""大湾区总部+贵州基地""大湾区研发+贵州制造"合作模式，推动黔东南陆港、银田物流园、从江洛贯物流园等建成投运，着力构建现代综合物流体系，完善工业园区功能配套，提升工业园区承载能力，提高筑巢质量。创新合作模式，采取合作共建、托管建设、"飞地园区"等模式，强化开展产业园区合作共建，形成优势互补、协同发展新格局。2023 年，全州引进重点产业项目 504 个，新增产业到位资金 186 亿元，引进优强企业 142 家。

坚持以人为本，城市竞争软实力得以提升。着力推进以人为核心的新型城镇化，优化城镇空间布局，统筹推进城乡协调发展。印发《2023 年全力打造对接融入粤港澳大湾区"桥头堡"建设攻坚行动计划》，开通"粤港澳服务专窗"，与佛山、肇庆、江门等地签订"跨省通办"合作协议。重点推动"桥头堡"156 个项目建设，目前已开工项目 121 个，完成投资 84.12 亿元。加快侗乡大健康产业示范区重点低效闲置资产项目盘活工作，侗乡长途汽车客运站、87 栋休闲康养木屋、从江职校迁建等项目陆续建成，核心区人口集聚能力进一步提升。

坚持绿色发展，农业发展源动力得以提升。按照因地制宜、梯次推进、分类施策的原则，深入实施"6 个 100 万"提升工程，着力创建粤港澳大湾区"菜篮子"基地及农产品产地建设，新增粤港澳大湾区"菜篮子"生产基地认证 60 个（累计 65 个），加工企业 2 家。依托黔东南州生态型农产品及林特产品基地，培育州级以上农业产业化龙头企业达560家，农业规模化、产业化水平不断提高。以岑巩思州柚、施秉蔬菜、黎平茶叶为代表的"乡村外贸"蓬勃发展，外贸进出口总额达9亿元。2023年，全州农产品销售量为52.44万吨，销售额为88.7亿元，同比增长7.27%。

创新需求方式，旅游经济"加速度"得以提升。 充分发挥黔东南州绿色生态、民族文化等独特资源优势和良好区位优势，精准对接大湾区消费升级和游客市场需求，实施"旅游+""+旅游"行动，丰富旅游业态，提升服务功能。"村超""村BA"接连火爆出圈，推动黔东南州全域旅游业发展再上新台阶，有效助推文化旅游基础设施建设、旅游品牌宣传，把黔东南打造成为国内外知名民族文化旅游目的地和大湾区旅游康养"后花园"。云上丹寨旅游休闲街区入选国家级旅游休闲街区，新增2个4A级风景区，1个国家级水利风景区。国家级黔东南民族文化生态保护区创建成功，榕江"村超"入选2023中国旅游产业影响力案例，台江"村BA"入选中国体育旅游十佳精品赛事。"中国乡村旅游1号公路"入选国家级第一批交通运输与旅游融合发展典型案例。2023年，全州共接待游客7879.45万人次，同比增长25.75%；实现旅游综合收入875.82亿元，同比增长37.01%。

二、2023年特色亮点展示台

案例一

贵州·村超：聚焦6"业"要素 激活7"超"经济

2023年5月13日，贵州村超火爆出圈、活力四射。贵州省榕江县依托村超品牌，聚焦"吃住行游购娱"六要素，全面激活"超"经济。

抢抓"超好吃"美食效应。 榕江全县设置美食区6个，饭店322家，夜宵店323家，农特产品摊点300余个，县城区餐饮行业市场主体941家（村超以来新增216家），推动夜间经济发展。2023年县城区餐饮行业营业收入12.27亿元。

贵州村超活力四射（图源：榕江县融媒体中心　韦贵金摄）

提升"超好住"住宿条件。 新增住宿业市场主体113家，床位数从5958个增长至10000个以上，多渠道满足游客住宿需求。借助村超品牌，全县住宿行业入住率上升到83.2%，村超比赛日入住达率100%，新增露营基地6个，村超以来露营基地入住率为64%。

优化"超好行"交通服务。 开通专门"村超"公交专线，争取到停靠榕江站的动车由每日22列次增加至40列次。全县24个加油站"村超"期间营业额为4.83亿元，同比增长19%。

创新"超好游"旅游路线。 制作和发布各类打卡旅游攻略，加强与西江、肇兴、荔波等周边著名景区联动，推动全域旅游发展。2023年全县累计接待游客765.85万人次，同比增长52.16%，实现旅游综合收入83.98亿元，同比增长73.94%，过夜游客316.11万人次，带动夜间消费收入5.86亿元，同比增长253.2%。引进南昌柏年晟景投资3.7亿元建设"村超"人文主题社区、广州中旭未来投资5000万元打造欢乐村超数字文化产品，为游客提供更多游览场所。

展示"超好购"黔货产品。 线上开设农产品村超商城，线下设立农特产品展销区和贵州村超专营店，成立重点文创企业（非遗工坊）12家。引进湖南华诚投资3亿元建设村超可乐罗汉果加工项目、青岛佰福得投资4000万元建设村超食品加工项目和深圳鼎力投资3.2亿元建设村超美食综

奋进高质量发展新征程
——贵州围绕"四新"主攻"四化"年度报告（2023）

贵州村超球场上球员们激烈对抗（图源：榕江县委宣传部 李长华摄）

合商贸城项目。全县主营蓝染、蜡染、刺绣、银饰、少数民族服装等6家精品店销售额1700万元，全力推动黔货出山。2023年，全县销售农产品4198万吨，农产品线上线下销售额6.26亿元，农产品网络零售额4747.99万元，同比增长112.42%，增速排全州第1位。

打造"超好玩"配套服务。开展"村超"美食街长桌宴、美食嘉年华、西瓜节、香羊节等活动，吸引游客消费。"村超"以来，全县新增市场主体2764户，其中娱乐业市场主体81家（村超以来新增23家），真正将村超流量转化为经济"增量"。

开展"超好招"招商引资。重点聚焦大湾区等重点地区，开展"村超"招商引资活动，新增招商引资项目41个，新增产业到位资金11.47亿元，引进广州中旭未来、深圳闪光电子、深圳德润达光电、湖南华诚生物、南山婆集团、王老吉刺柠吉、青岛安美瑞、贵州青酒等10余家优强企业落地，积极推进与已达成签约合作的百度、索尼、中国航油集团、深圳巴斯巴、深圳天盛物联、奇瑞集团、伊利集团、蒙牛集团、汇源集团、志辉食品、中智游等15个村超品牌企业进行深入合作。同时，交通运输、批零住餐、租赁和商务服务等14个增收行业合计完成税收32059万元，同比增长 29.81%，增收 7363 万元。

贵州村超爆火后带动城镇经济（图源：黔东南州文联　王绍帅摄）

案例二

台江县：借助"村BA"品牌效应
全面打造乡村振兴新引擎

　　2023 年，"村 BA"灿耀全国，网络曝光量超 550 亿人次，再次燃爆全网，成为贵州文明乡风新名片和群众文化新亮点，被誉为"观察中国式现代化的一个窗口"。"村 BA"所在县——台江县借助"村 BA"品牌效应，创新办好"村 BA"赛事活动，全面促进群众体育和竞技体育繁荣发展，有效激发乡村振兴新动能。2023 年，旅游接待 624 万人次，同比增长 55%以上，旅游综合收入 72 亿元，同比增长 65%。

奋进高质量发展新征程
——贵州围绕「四新」主攻「四化」年度报告（2023）

台江县台盘乡村 BA 比赛现场（图源：台江县融媒体中心　邰光政摄）

一是坚持群众主体，做好"村民+自治"

集体决策自主办赛

村民自发成立篮球协会，组建赛事组委会，制定《"吃新节"民俗活动方案》，群众自组球队、自筹经费，当地政府只负责赛事的报备和审批以及秩序维护和安全保障。

集体商量自建自管

将文明篮球竞技比赛、球迷文明看球、篮球场管理、停车场管理、环境卫生整治、餐饮卫生等纳入村规民约管理，球场修缮、赛规制定等重大事项均由村民代表大会集体商定。

时刻保留"村 BA"姓村

坚持决不收门票、决不收停车费、决不搞"篮球场内"商业化，保留传统乡村篮球赛事规则，并积极承办全国和美乡村篮球大赛。

二是坚持文化融入，做好"文化+体育"

以赛彰显非遗文化魅力

比赛间隙邀请民间艺人、非遗传承人到现场表演、讲习，把台江苗族飞歌、多声部情歌、反排木鼓舞等艺术作品搬到赛场，使赛事具有更强观赏性。

以赛传递乡土人情风味

比赛奖品以发放米、猪脚、鸡、鸭、鱼等"农"字号农特产品，多元化展现"村BA"农味、乡土味。现场主持人采用本地话进行赛事直播讲解，增强比赛区域特色。

以赛促民族文化相互交融

"村BA"篮球比赛已成为全国各民族互动沟通、促进友谊、增进团结的重要平台，以全力抓好创建全国铸牢中华民族共同体意识示范县的新机遇，不断增进少数民族交往交流交融。

三是坚持区域发展，做好"品牌+旅游"

打造区域名片

围绕"村BA"乘势打造具有台江特色的"村BA"文体名片，推进文化体育与特色产业、乡村旅游等融合发展，截至目前，共提交"村BA"系列商标注册申请536件，已获得商标证6件。

促进体旅融合

把"村BA"流量热度连接文旅产业，全面带动食宿、餐饮、农特产品、银饰刺绣等销售额大幅度上升，赛事期间，带动黔东南州旅游预订量同比增长140%，黔东南旅游搜索热度周末环比大涨276%。

推动共同富裕

依托"村BA"集现代农业产业、乡村文化、运动、旅游为一体的农文旅体融合发展模式，为促进区域经济高质量发展注入新动力。2023年全县地区生产总值完成47.94亿元，同比增长8.8%，增速连续8个季度排名全州第一、全省前列，农民人均可支配收入增速在全州内排名第一。

四是坚持政府服务，做好"管理+安全"

抓实市场秩序监管

定期巡查，要求商户在经营场所醒目位置明码标价，不得发生串通涨价、哄抬价格、价格欺诈等行为。集中开展食品安全检查，自觉维护"村BA"良好的消费环境。

做实后勤服务保障

成立台江县赛事后勤服务保障工作组，做好环境卫生、交通安全、应急医疗等各项保障；在乡主路段进行临时交通管制和车辆疏导，开展交通劝导和现场人员引导工作，保障万人赛事现场秩序井然。

落实赛事安全职责

对活动现场及周边进行综合性风险分析研判，针对性制定赛事安保工作方案，抽调200余名警力联合50余名义务联防员，全力确保安全、有序地举办每一场比赛。

案例三

黔东南：创新"非遗+"融合发展，助力乡村全面振兴

作为全国12个国家级文化生态保护区之一，黔东南州依托丰富、优质的非遗资源，以保护、传承、开发、利用为主线，积极探索"非遗+"等形式的创新融合，助力乡村振兴，实现了非遗保护与经济社会发展双向赋能。

"非遗+易地扶贫搬迁"出成效。"十三五"期间，黔东南州实施了30多万人的易地扶贫搬迁，并在搬迁安置点建有芦笙场、非遗展示馆、非遗扶贫就业工坊39个，组建了40余支非遗传承队伍，将原住地文化搬入新的社区，积极开展非遗传承活动。在较大的易地扶贫搬迁社区内，"指尖技艺"已真正转化为"指尖经济"，助力搬迁群众增收致富，推动非遗文化传承发展。

"非遗+乡村振兴"促增收。坐落在施秉县的贵州榜香郁苗绣服饰开

发有限公司先后在小河村、冰洞村、六合村、黄古村、平扒村、金钟村6个苗族村寨建立了以原非遗扶贫就业车间为载体的苗绣产业就业基地，引领和带动2300名留守妇女以及农民工妇女就业，人均年收入1.2万元，有效推动了产业振兴、脱贫致富。在享有"中国竹编文化艺术之乡"美誉的三穗县，为做大做强竹编产业，通过"公司+电商（超市）+基地（工厂）+农户"的方式，组合竹编产业链，建成黔森源竹编工艺厂等龙头企业，所生产的特色竹编制品远销我国长三角、大湾区及日本等国内外市场。

贵州施秉非遗苗绣车间（图源：施秉县融媒体中心　磨桂宾摄）

"非遗+展演"两不误。 锦屏县结合景区表演节目等进行文化包装推广，成立了"花脸龙舞龙队""汉戏班""故事班组""文艺演出队"各组配备演职人员158人，闲时做农活，需要演出时就上台，既丰富了乡村旅游的文化内涵，又增加了演出农民的额外收入。

锦屏县瑶白汉戏（来源：杉乡锦屏　杨胜屏摄）

"非遗+研培"出精品。近年来，保护区依托非遗传承基地、传习中心（所）、非遗工坊、特色街区等场所空间，不断加强非遗研学游、体验游，推出"苗疆非遗研学主题体验走廊""百里侗寨非遗主题体验走廊"等精品非遗主题旅游线路，打造了丹寨县万达小镇、雷山麻料银匠村、台江红阳苗寨、从江岜沙苗寨、黎平肇兴侗寨等非遗主题研学体验点。

来自上海的小学生在丹寨县体验古法造纸技艺
（图源：丹寨县融媒体中心　黄晓海摄）

"十三五"期间，黔东南州累计接待游客4.63亿人次，实现旅游综合收入3948.59亿元，其中非遗旅游占比50%以上，奏响了非遗赋能乡村振兴曲。

案例四

黔东南：激发优势资源 推进"富矿精开"

重晶石探明储量1.78亿吨，占全国的60%、全省的88%；石英砂探明储量约4亿吨，占全国的24%、全省的67%；铝矾土储量约7000余万吨，远景储量9000万吨；陶瓷土储量2000万吨……目前黔东南州发现矿产资源61种、开发利用27种。

近年来，黔东南州按照"扬优势、强产业"的要求，充分发挥全州资源禀赋，把矿产资源精深加工产业定为5大主导产业之一，全力推动再生资源循环材料生产，充分利用矿产优势，积极探索"富矿精开"，通过精准勘探、优化扶持、产业链延伸，在精深加工、精细开发上精准发力。

黔玻永泰生产车间（图源：黔东南州融媒体中心 杨育森摄）

当前，黔东南州正依托丰富的石英砂、铝矾土资源和现有产业基础，重点在凯里市炉碧经济开发区发展玻璃制造和铝加工产业，打造玻璃制造和铝加工产业聚集区；重点在丹寨金钟经济开发区发展精品石英砂、多晶硅、单晶硅等加工制造产业，打造硅系材料产业聚集区；依托丰富的重晶石资源、桥头堡"政策"支持天柱打造成全国重要的钡盐精细化工基地和省级化工园区平台优势，重点在天柱园区发展钡化工产业，打造全国重要的钡盐产业基地和钡盐研发交易中心。

目前，黔东南州有石英砂开采规上企业3户、平板浮法玻璃生产企业2户、工业硅生产企业3户、玻璃加工规上企业4户，硅系材料产业在黔东南州已具有一定的产业规模和工业基础，初步形成集矿石开采洗选—玻璃生产—玻璃深加工一体化发展的产业链条雏形。正在推进的黔玻永太公司光伏玻璃、其亚公司铝加工及多晶硅制备单晶硅等项目，为光伏组件产业在拓宽产业幅、延长产业链上提供了较大发展空间。

2023年12月23日，贵州黔玻永太新材料有限公司二期日产1250吨光伏玻璃生产线项目顺利实现点火仪式在炉碧经济开发区举行。此次点火投产的项目系贵州首条日产1250吨光伏玻璃生产线，总投资14.19亿元，投产后预计每年可新增产值15亿元以上。该项目点火投产，标志着黔东南州石英砂矿产资源精深加工迈出重大步伐，将有力推动以玻璃为主的硅系材料产业集群发展，助推炉碧经济开发区实现提质增效，为黔东南州高质量发展注入新的动能。

预计到2027年，黔东南州将建成玻璃产业、铝产业、钡化工产业等一系列矿产资源精深加工项目10余个，实现总产值约400亿元。

案例五

黔东南："乡村外贸"闯新路　村口成为"出海口"

黔东南州聚焦以中药材、太子参、果蔬、茶叶等特色产业，紧紧围绕"四新"主攻"四化"主战略，结合《关于实施"乡村外贸"战略的工作方案》，抢抓国家推动形成陆海内外联动，东西双向全面开放新格局，通过"组团出海"，不断拓宽农民增收致富渠道，全面推进农业农村新发展。

2023 年，黔东南州"乡村外贸"出口额达 9 亿元。

岑巩县"乡村外贸"让思州柚走出国门

岑巩县借助跨境电商的数字化出海口，围绕"选定一个主导产业、选派一支服务队伍、推行一种发展模式、培育一批外贸主体"的工作模式解锁乡村振兴"新密码"。2023 年，岑巩县以思州柚为主导，用好"乡村外贸"首批试点县契机，县内民丰果树种植专业合作社出口思州柚到俄罗斯达 580 吨，销售产值达 430 万元。

思州柚首次登上"中欧班列"出口俄罗斯

（图源：贵州思州黔承文化传媒有限责任公司　蒋志敏摄）

黎平县"组团出海"实现茶叶外贸出口亿元增长

黎平县依托丰富茶叶产业资源，抢抓国家推动形成陆海内外联动，东西双向全面开放新格局，通过"组团出海"，实现茶叶外贸出口加速增长。2023 年度，全县茶叶出口总额达 1.06 亿余元，全面推动黎平县开放型经济高质量发展。

搭桥牵线提升外贸业务能力。用好佛山对口帮扶资源，设立"佛山·黎平东西部协作对外贸易帮扶工作站"，帮助企业搭建外贸运营架构，培养外贸专业人才。2023 年度，通过"请进来、走出去"的方式指导培训企业 23 家。

奋进高质量发展新征程
——贵州围绕「四新」主攻「四化」年度报告（2023）

春茶开园仪式采茶现场（图源：黎平县农业农村局　石伟昌摄）

一企一策解决企业外贸难题。"一对一"帮助外贸企业做好海关、银行、税务等方面的对接沟通，"一企一策"解决企业生产经营和出口过程中遇到的困难和问题。2023年，新增具备出口资质茶叶外贸企业2家，实现自营出口3000余万元，协助茶叶企业完成退税金额约240万元。

组团招商拓宽海外贸易市场。对标企业海外市场拓展需求，多渠道组织县内外贸企业参加中国国际消费品博览会、俄罗斯国际食品展览会、兰洽会等重点食品国际性展会及茶叶国际展会，开拓国际市场，提升企业外向度。2023年以来，共组织县内企业参加各类重点国际展会5家次，达成2024年春季茶叶意向合作客户3家，意向签订外贸出口订单3000万元。

课题组名单：

袁世泽　中共黔东南州委宣传部常务副部长、州文明办主任

张健翎　黔东南州社科院院长、副研究员

张晓华　中共黔东南州委宣传部副县长级干部

谭必伟　中共黔东南州委宣传部理论教育科负责人
罗岚洪　黔东南州省社科院院长助理、助理研究员
汤昌霖　黔东南州社科联编辑部负责人、助理研究员

山水黔南展新貌

——2023年黔南围绕"四新"主攻"四化"报告

一、2023年"四新""四化"成绩单

2023年，在贵州省委省政府的坚强领导下，黔南州坚持以习近平新时代中国特色社会主义思想为指导，深入贯彻党的二十大精神和习近平总书记对贵州对黔南州工作重要指示批示精神，按照省围绕"四新"主攻"四化"主战略和"四区一高地"主定位，以高质量发展统揽全局，落实好新国发2号文件精神，大力开展"贯彻二十大、实现新跃升"大比拼，着力做好"企稳、补短、求进、跃升"四篇文章，黔南州经济总体质量发展向好，发展质量效益持续提升，高质量发展持续推进，"四新""四化"推进发展迈出新步伐、取得新成效。

新型工业化持续向好。 全州新增规模工业企业63户，规模工业企业总数达887户，持续保持在全省第一方阵。累计完成规模工业总产值933.73亿元，同比增长6.3%。新增认定省级"专精特新"中小企业37户，新增认定创新型中小企业85户，认定总数排全省第三位。新能源电池材料产业持续延链扩能，完成产值118亿元，同比增长56.2%，成为全州工业重要增长极。夯实资源精深加工、新能源电池材料"两大基地"建设基础，举全州之力打造福泉—瓮安千亿级园区和龙里千亿级园区。产值分别达到302.42亿元、727.13亿元，加快向千亿级园区迈进步伐。

工人在贵州永吉盛珑包装有限公司生产包装盒（图源：肖伟摄）

新型城镇化提质升级。以新型城镇化"十百千行动"以及"强省会""3个100万"为抓手，大力推进"产业、教育、政策"聚人，强化城镇基础设施和公共服务短板补强，提升城镇承载能力。大力推进存量棚改、老旧小区改造、背街小巷改造和地下管网建设等城市"四改"，持续提升

"组组通"公路建设成效（图源：三都融媒体中心）

城镇品质。突出打造城市"15分钟社区生活圈",推出州级第一批五星级社区34个,全州新增城镇落户人口2.2万人以上,常住人口城镇化率排全省第一方阵。

农业现代化蹄疾步稳。始终把粮食安全放在首位,以"六大主导产业"为主抓手,大力实施巩固提升行动,推动产业全链条发展。突出抓好粮油产业化,严格落实粮油生产"双保"任务。全年粮食播种面积400.4万亩,粮食产量125.8万吨。生猪出栏208.35万头、增长5.62%;茶叶产值117.3亿元,同比增长9.66%,蔬菜、水果、中药材等产业稳定保持全省第一方阵。

贵州省都匀市平浪镇凯口村羊肚菌种植基地

(图源:无人机照片 肖伟摄)

旅游产业化迅速升温。都匀东方记忆景区成功创建国家工业旅游基地,荔波古镇创建为国家级旅游休闲街区,天空之桥"桥旅融合"服务区入选第一批交通运输与旅游融合发展十佳案例。荔波呈现游客"井喷"增长态势,全州接待过夜游客1167.02万人次,同比增长10.02%。

二、2023年特色亮点展示台

（一）强动能、稳增长，工业产业体系建设快速推进

一是产业基础不断夯实。 主导产业成链发展。全年现代化工产业完成规模工业产值322.05亿元，累计完成投资139.93亿元；新能源电池材料产业完成规模工业产值118亿元，完成投资86亿元。七大产业统筹推动。印发产业成链发展指导意见，编制七大产业"一图三清单"，切实推动产业高质量发展。七大工业产业中6个产业保持正向增长，呈企稳恢复态势。产业转移试点建设承接推动。贯彻落实《黔南州承接现代化工产业转移试点实施方案》，以福泉－瓮安千亿级世界磷化工产业基地为试点重点建设，做好承接产业转移各项工作。

二是发展潜力更加突出。 牢固树立"项目为王"理念，以项目"早开工、早建设、早投产"为服务准则，实施动态化、精准化管理，及时掌握项目推进情况，稳住全州工业投资基本盘，全州亿元以上产业类重大项目151个，全年完成投资273.4亿元，占产业类投资的88.2%；建成裕能二期磷矿石全量化利用年产20万吨磷酸铁锂前驱体（新型能源材料）生产线、芭田5万吨/年硝酸法新能源原料项目等100个产业项目。持续抓好项目保障，加大资金争取力度，全州130个企业项目获得14.03亿元资金支持，其中4个项目获得省新动能产业发展基金支持8.65亿元（骐信煤炭深加工及综合利用项目获得基金支持4亿元、盛屯锂电材料项目3亿元、凯迪森双氧水项目1.2亿元、天美高纯锂电材料项目0.45亿元），排名全省第三，有力支持项目建设。

三是承载能力持续增强。 印发《黔南州七个省级开发区产业链成链发展指导意见》，指导七个省级开发区围绕2至3个主导产业，围绕强链、补链、延链等关键环节，精准寻商招商、强化企业培育，加快核心配套，推动产业突破发展，目前7个省级开发区正在按照指导意见有序推动开发区产业成链发展。印发《福泉－瓮安千亿级磷化工产业园区2023年工作方案》，组织审查并批复《贵州龙里千亿级重点工业园区高质量发展规划（2023—2030年）》，指导长顺、惠水、贵定县完成编制印发开发区建设工

作方案，帮助都匀和南部四县围绕农副产品、石材、木材等资源和优势条件，进一步优化产业发展定位，加大项目谋划储备，提升特色产业集聚，推动园区梯级发展。2023年，全州开发区累计完成规模以上工业总产值850.2亿元，占全州比重91%。全州开发区现有规上工业企业777户，占全州比重的88%。

（二）强治理、稳提质，城市更新行动质效双升

一是城镇功能配套更加完善。突出抓好城市更新专项行动，全州改造存量棚户区14458套（户）、老旧小区2.4万户、背街小巷106条，建设和改造地下管网607.24公里，建成保障性租赁住房2241套，完成"保交楼"2.51万套。大力推进城市基础设施完善，全州新增社会停车位4132个、汽车充电桩494个、公园绿地45.73公顷，新建城市道路48.78公里，城市建成区路网密度达到"十四五"计划目标。

二是城镇治理体系更加健全。深入推进"一中心一张网十联户"基层治理机制，持续推动社会治理力量向基层倾斜，依托党群服务中心、新时代文明实践站规范建设城市社区综治中心158个；探索建立"党建+红色物业+联户""党建+业主委员会+联户"等微治理模式，持续推进社会治安防控体系提档升级，常态化推进扫黑除恶斗争，深入打击电信网络诈骗等突出违法犯罪，全面落实网格化管理服务"多网合一"，提升城市治理体系和能力现代化水平。

三是公共服务保障更加有力。不断扩大教育、医疗、养老、育幼、社区服务供给，促进公共服务均衡普惠发展。州县积极推动教育扩容提质，新建、改扩建公办幼儿园完工13所，新建、改扩建中小学项目已完工23个，改扩建普通高中项目完工2个，年度新增学位1.1万余个；启动60个省级临床重点专科建设，县域内就诊率达93.88%；推动10个紧密型专科联盟及急诊急救"五大中心"一体化管理体系建设，胸痛中心建设量在全省排名第二，人民群众的幸福感、获得感、安全感明显增强。

（三）夯基础、攻产业，农业产业培育加快推进

一是农业基础建设迅猛提质。强基础，固根本，持续提升科技强农水平，打造"油菜换种"示范，建成惠水广济堂梅花鹿种源基地、长顺

油菜良种繁育基地等 5 个种源保护基地，长顺青龙山油菜制种科研基地是国家授牌的三个油菜良种改良分中心之一，选育的油研 2020 成为全国最高出油率品种，目前繁育基地制种面积 2 万亩，油研 2020 推广应用将推动制种面积超 2.2 万亩，生产全省 70%以上油菜用种。主要农作物耕种收综合机械化率达 55%以上，农产品加工转化率达 60%以上。大力开展港澳大湾区"菜篮子"生产基地建设，全州累计成功申报粤港澳大湾区"菜篮子"生产基地 60 家、排全省第三位，提前完成"十四五"任务目标。

二是农业主体培育做大建强。通过政策扶持、调度指导、定期监测等措施，农业经营主体引培取得新进展。新增州级龙头企业 45 家，全州累计县级以上龙头企业共 897 家（其中，国家级 5 家、省级 162 家、州级 238 家、县级 492 家）。新增农民专业合作社 203 个，累计达 5558 个（其中，国家级示范社 39 个、省级示范社 183 个），排全省第五。新增家庭农场 469 家累计达 9010 家（其中省级农场 334 家），排全省第一；新增省级家庭农场示范县 1 个（平塘县），累计达 2 个。共向上争取到粮油类合作社和家庭农场培育资金 1557 万元，排全省第一。

三是农业综合效益增速增效。坚持粮油产业化，扛稳耕地保护和粮食安全政治责任，新增耕地排全省第一位，粮食播种面积 400.4 万亩，产量 125.8 万吨，超额完成"双保"任务。大力实施"六大主导产业"巩固提升行动，加快推动全链条发展，生猪出栏 208.35 万头、增长 5.62%，增速排全省第二位，龙里高金、长顺黔溯鲜两家企业屠宰精细分割产能位居全省第一、二位；都匀毛尖入选中国地理标志农产品（茶叶）品牌声誉百强榜第四位、中国区域公共品牌影响力指数榜单第六位；在全省率先出台《黔南布依族苗族自治州促进刺梨产业发展条例》，提质增效面积 8.5 万亩，综合产值达到 30 亿元，增长 16.7%。

（四）强主体、稳提质，旅游产业升温方兴未艾

一是产业推动回暖加快。聚力打造世界级旅游目的地，不断擦亮"世界自然遗产""中国天眼"两张世界级名片，推出"世界自然遗产""天文科普"等精品旅游线路，获评全国精品旅游线路 2 条，省级 5 条。围绕传统节假日，开展活动营销 100 余场次。在贵广高铁开展"中国天眼号"

形象推广，四语种（英、法、日、韩）《世界的荔波》宣传效应凸显。2023年全州接待游客7358.47万人次，同比增长25.21%。旅游总收入818.03亿元，同比增长36.74%，旅游及相关产业增加值预计100亿元，同比增长5.8%。游客人均花费1111.64元，同比增长9.2%。过夜游客1167.02万人次，同比增长10.02%。

二是品牌建设招大引强。 通过扶持现有企业发展壮大、推进金鑫公司上市培育、强化旅游招商等措施，推动旅游市场主体培育工作。对旅游市场主体库进行调查和更新，多轮次组织开展入企走访，培育和服务涉旅市场主体上规入统。截至目前，全州涉旅市场主体4.3万家，较2022年底新增2000余家，新培育规模（限额）以上涉旅企业24家。荔波金鑫公司成功获评2023年度省级服务业龙头企业。全年新签约文旅项目124个，签约金额159.83亿元，新增到位资金54.29亿元。

三是产品业态不断丰富。 持续推动"旅游+"融合发展。围绕丰富游客体验、延长游线、增加产品供给，增加游客停留时间，有效提升过夜率，推动"旅游+"融合发展。推进平塘"中国天眼"景区申创国家5A级旅游景区；推动长顺神泉谷、黔南民族职业技术学院、平塘天空之桥景区创建国家4A级旅游景区。提质推出更多体验式、沉浸式新业态。

四是服务质量优化提升。 以"文明在行动·满意在黔南"活动为抓手，举办各类培训148期10000余人次。出动文化市场综合行政执法人员近20000人次，检查文广体旅市场经营单位8000余家次，办理案件240件，全年接收各类投诉、咨询2100余件，办结率100%。荔波县"网格化管理升级服务引导文明"案例获评国家文旅部第一批文明旅游宣传优秀案例。黔南州旅游协会表现不俗，在2023年第六届中国旅行社协会行业榜单中，获"优秀地方行业协会"殊荣。

五是存量项目盘活强效。 全州累计完成盘活闲置低效旅游项目11个，省盘活项目数量成效居全省9个市（州）之首；新增达到盘活条件的项目8个；进一步巩固盘活成效，采取各类激励措施，充分激发存量项目的最大效益。黔南州旅游产业化综合评价指数连续4年保持在全省第一方阵。

三、"四化"案例

新型工业化案例

资源赋能：做强现代化工和新能源电池材料产业

近年，黔南州为贯彻落实省委、省政府关于"富矿精开"重要工作部署，高质量推进"富矿精开"，切实将优势矿产资源比较优势转化为发展优势和经济优势，在精准"探、配、开、用"上取得突破，形成布局更优、质量更高、效益更好、绿色突出、安全有效的材料产业体系。黔南州磷资源储量丰富，根据2021年度贵州省矿产资源储量年报及有关数据显示，贵州磷矿资源量占全国资源量的18.9%，其中黔南州占全省的37.3%，排名第一，平均品位为25%—30%，同时磷矿伴生有约3.5%的氟资源，适合向磷化工及下游的电池材料产业延伸发展。位于黔南州福泉市的瓮福磷矿穿岩洞是中国最大的现代化单体露天磷矿山，露天开采的资源储量达8795.22万吨。

贵州磷化集团磷石膏分解制硫酸联产水泥装置现场（图源：黔南州融媒体中心）

作为国内磷化工产业龙头，当前，贵州磷化集团已形成磷石膏建材、水泥缓凝剂、分解制酸、矿井充填和生态利用处置"五大路径"，企业磷石膏综合利用率达80.73%。贵州磷化集团投建的全球最大磷石膏分解制硫酸联产水泥装置成功试车并投入运营，是企业长期致力于磷石膏综合利用技术创新后取得的又一重大成果，标志着磷石膏资源化利用的新突破，同时为贵州省"富矿精开"战略提供了有效支持。该装置占地20万平方米，每年能处理140万吨磷石膏，并生产60万吨硫酸和80万吨水泥，位居全球之首。通过将磷石膏转化为浓度为98%的硫酸和水泥，硫酸可以循环用于磷酸制备，而水泥则可用于销售或矿井充填，实现了资源的循环利用和经济效益的双重提升。

在贵州川恒子公司恒轩新能源材料有限公司实验室，实验员正在进行试验

（图源：黔南州融媒体中心）

将视线转移到贵州川恒化工股份有限公司（以下简称贵州川恒）。贵州川恒通过技术创新推动行业发展，其贡献包括自主研发的半水法湿法磷酸技术，提升了产品品质并促进下游产品开发；创新的半水磷石膏改性胶凝材料及充填技术解决了磷石膏利用的难题，推动了循环经济；公司还利用贵州瓮福地区的磷矿资源，提升开采能力。此外，贵州川恒建立了多个技术平台，为行业提供技术支持和服务；公司的努力获得了多项荣誉，包括多次被评为贵州企业100强、贵州民营企业100强，以及获得中华全国工商联合会科技进步奖一等奖等，这些成就体现了其在化工行业的领导地位和对行业发展的深远影响。

同时，黔南州积极响应国务院和省、州关于发展新质生产力的决策部署，围绕"六大产业基地"战略，重点发展现代化工和新能源电池材料两大主导产业。利用州内丰富的磷矿资源，磷矿伴生的氟资源向磷化工及下游的电池材料产业延伸发展。2022年，黔南州成功建成新能源电池及材料项目6个，形成"磷矿—磷酸—磷酸铁—磷酸铁锂"正极材料链条。2023年，新能源电池材料产业规模工业总产值同比增长56.2%，贵州裕能新材料有限公司产值突破100亿元，为打造新能源动力电池及材料研发生产基地作出黔南贡献。黔南州将继续发挥资源优势、产业基础优势和平台承载优势，推动新能源电池材料产业全链条发展，为全省乃至全国的新能源电池材料产业发展贡献力量。

新型城镇化案例

业兴人和——黔南州推进以人为核心的新型城镇化高质量发展

在瓮安县城的森浩国际汽车城，鳞次栉比的商户和车水马龙的人群，让这个汽车主题城市综合体人气十足，城与业相得益彰。

在都匀市广惠街道平桥社区东房小区，经过改造的小区不仅基础设施完善，人居环境也焕然一新。住在这里的老居民正云说："老旧小区改造好，让我们'老市民'乐享'新小区'。"

在都匀，根据《都匀市2023年构建"15分钟生活圈"推动城市基层治理服务能力提升实施方案》要求，为进一步健全完善城市道路服务功能，提升交通治理科学化、精细化和组织化水平，增强群众获得感、幸福感和安全感，缓解都匀市老城区"停车难"问题，切实解决人民群众的"急、难、愁、盼"，在市委市政府的坚强领导下，都匀市公安交通管理局

奋进高质量发展新征程
——贵州围绕「四新」主攻「四化」年度报告（2023）

瓮安县森浩国际汽车城（图源：黔南州融媒体中心）

联合广惠、文峰办事处通过对广惠、文峰办事处辖区道路通行情况进行实地调研，对部分符合标准的道路设置免费潮汐车位322个。

2023年，黔南州突出抓好城市更新专项行动，全州改造存量棚户区14458套（户）、老旧小区2.4万户、背街小巷106条，建设和改造地下管网607.24公里，建成保障性租赁住房2241套，完成"保交楼"2.51万套。大力推进城市基础设施完善，全州新增社会停车位4132个、汽车充电桩494个、公园绿地45.73公顷，新建城市道路48.78公里，城市建成区路网密度达到"十四五"计划目标。深入推进"一中心一张网十联户"基层治理机制，持续推动社会治理力量向基层倾斜，依托党群服务中心、新时代文明实践站规范建设城市社区综治中心158个；探索建立"党建+红色物业+联户""党建+业主委员会+联户"等微治理模式，持续推进社会治安防控体系提档升级，常态化推进扫黑除恶斗争，深入打击电信网络诈骗等突出违法犯罪，全面落实网格化管理服务"多网合一"，提升城市治理体系和能力现代化水平。不断扩大教育、医疗、养老、育幼、社区服务供给，促进公共服务均衡普惠发展。州县积极推动教育扩容提质，新建、

都匀市对部分符合标准的道路设置免费潮汐车位（图源：黔南州融媒体中心）

改扩建公办幼儿园完工13所，新建、改扩建中小学项目已完工23个，改扩建普通高中项目完工2个，年度新增学位1.1万余个；启动60个省级临床重点专科建设，县域内就诊率达93.88%；推动10个紧密型专科联盟及急诊急救"五大中心"一体化管理体系建设，胸痛中心建设量在全省排名第二，人民群众的幸福感、获得感、安全感明显增强。

农业现代化案例

业链协同共进　构筑生猪产业发展新高地

"养牛耕田、养猪过年"的养殖理念在黔南逐步淡化，取而代之的是一栋栋或平层或高楼的标准化养殖圈舍拔地而起，生猪养殖规模化、标准化、智能化的养殖意识深入人心，黔南州生猪产业正在悄悄发生"蜕变"。根据统计部门数据，2023年，全州生猪存栏189.35万头，同比增加1.3%；累计出栏208.35万头，同比增加5.6%，增速均跃居全省第2位。在养殖量不断攀升的基础上，热鲜猪肉的销量和生产效益受限，如何促进屠宰加工，延伸产业链成为产业发展的新需求。

黔溯鲜生猪养殖场（图源：黔南州融媒体中心）

立足加工，黔南州印发《黔南州支持重点农副产品加工企业提质发展十三条措施》，起草《黔南州猪肉精深加工发展三年行动方案（2024—2026年）》，重点以龙里高金、长顺黔溯鲜为引领，在加工企业项目扩产、市场开发、产品创新、品牌推广上给予州本级产业化资金补助倾斜支持。成功创建1个国家级生猪屠宰标准化示范厂、1个省级生猪屠宰标准化示范厂，以实际行动贯彻落实农业农村部畜禽屠宰"严规范 促提升 保安全"三年行动要求。

引导企业在屠宰业务的基础上延伸，逐步向肉制品加工方向拓展，实现养殖企业从"运猪"到"运肉"转变。龙里高金、长顺黔溯鲜等龙头企业的猪肉精细化分割生产线，均已建成投产，实际投产量达到预期生产量2倍以上，完成年度精深分割2.8万吨。以龙里高金为例，完备的冷链配送中心，拓宽生鲜配送半径达2000公里。中温白条、冷鲜白条、分割品约有八成发往贵州省外市场销售，有效提高经济收益，将黔南州生猪资源推向全国。

猪肉深加工制品有着更高的经济效益，黔南州加快推动苗壤肉制品加工项目建成投产。打造出加工火锅、烧烤、中餐等预制食材的生产线1条，实现州内生猪肉制品加工规模生产零的突破。目前，贵州苗壤食品有限公司正在开发研制具有民族特色的苗壤品牌——烤小肠、脆哨等产品，爽口脆嫩的火锅精髓——毛肚等火锅食材，Q弹软糯的卤香制品——卤猪脚、卤肥肠等一系列产品，增建新的生产线，为广大消费者提供更多种类的食

黔溯鲜生猪分割车间（图源：黔南州融媒体中心）

材供应。

当前，黔南州生猪规模养殖基地星罗棋布，随着生猪养殖屠宰加工一体化、猪肉消费品牌化的深入推进，已形成完整的产业链条，黔南州生猪产业发展将呈现新格局，产业创新将积蓄新优势。面对产业不断提出的新需求，黔南州将紧抓好机遇、好政策，砥砺前行，为新质生产力注入新动能。

旅游产业化案例

抓实四大行动　全力打造贵州南部旅游龙头

黔南州拥有国家5A级景区1个，"中国南方喀斯特"世界自然遗产、"世界人与生物圈保护区""中国天眼"3张世界级旅游名片，国家级以上非物质文化遗产18项。近年来，黔南州以持续打造综合旅游目的地为目标，按照省委省政府，州委州政府工作部署，围绕"三大要素"，深入推进"两大提升"和"四大行动"，系统推进旅游产业化工作，旅游产业化综合评价指数连续 4 年居全省第一方阵，成效显著。预计 2023 年旅游及相关产业增加值达 110 亿元左右，接待过夜游客 1167.02 万人次、同比增长 12.02%，游客人均花费 1111.64 元、同比增长 9.2%。

荔波小七孔景区（图源：黔南州融媒体中心）

2023 年以来，黔南州紧紧围绕"资源、客源、服务"三大要素，用好自然珍宝、文化瑰宝"两个宝贝"，坚持以文塑旅、以旅彰文，奋力将荔波打造成世界级旅游景区初见成效。2023 年荔波县接待游客 2690 万人次、旅游总收入 226 亿元、过夜游客 231 万人次，同比分别增长 43%、48% 和 22%；小七孔景区接待游客突破 620 万人次，同比增长 359%，门票收入 2.12 亿元，同比增长 346.92%。

各项旅游数据不断突破历史记录，位居全省前列。荔波县旅游产业实现强劲复苏，带动第一、二、三产业深度融合发展，全年 GDP 增长 4.9%，排全州第 2 位，固定资产投资增长 58.8%、一般公共预算收入增长 140.4%、限上批、零、住、餐业分别增长 48.5%、19.1%、97.7%、3.9%，各项经济指标居全州前列。高铁运营方面，完成高铁站相关配套设施建设，贵南高铁开通以来，荔波站共发送旅客超 100 万人次，单日开行

贵南高铁荔波境内段（图源：黔南州融媒体中心）

列车最高达59列、最高吞吐量达2.64万人次，在贵南高铁全线非省会站点中排名第一。小七孔核心景区提质方面，完成大七孔古桥修缮保护和景观提升、候车站点增设喷淋照明系统、标识标牌等项目建设，成功打造"踏瀑戏水"、鸳鸯湖透明游船、卧龙谷漂游提质升级等业态产品，广受游客欢迎。小七孔景区内业态收入达7917万元，同比2019年增长140%。"踏瀑戏水"项目在全省旅游工作会等多次会议得到点赞，获评携程口碑榜"年度玩水避暑景点"。服务品质提升方面，华住旗下的施柏阁大观、花间堂等酒店建成并开始试营业，引进温德姆、开元曼居、亚朵等连锁酒店，酒店连锁化率提升10个百分点，达15.2%，民宿品牌化率提升12个百分点，达16.8%。金鑫公司运营总收入2.46亿元，同比增长250%，较2019年增长53.12%，入选2023年省级服务业龙头企业。强化市场秩序整治，旅游有效投诉和旅游安全事故始终保持为零。

课题组名单：

李灵松　中共黔南州委宣传部常务副部长、州精神文明办主任
张国乾　黔南州政府经济发展研究中心主任
杨国胜　黔南州政府经济发展研究中心副主任
雷　翔　黔南州社科联党组成员、副主席

水墨金州创新绩

——2023 年黔西南围绕"四新"主攻"四化"报告

一、2023 年"四新""四化"成绩单

2023年，黔西南州认真落实省委、省政府决策部署，坚持以高质量发展统揽全局，聚焦"四区一高地"主定位，围绕"四新"主攻"四化"，加快推进中国式现代黔西南州实践，全州地区生产总值完成1552.24亿元、同比增长3.1%，增速排位较2022年上升1位，第一、二、三产业分别增长3.6%、1.2%和4.1%，经济呈现逐季向好、结构优化、质效提升的积极态势。

黔西南州坚持将围绕"四新"主攻"四化"作为推动高质量发展的主战略，创新主攻思路，压实攻坚责任，2023年取得了优良的成绩。

一是新型工业化实现新突破

高站位部署。全面落实全国新型工业化推进大会精神，分别召开州委八届五次、六次全会，印发了《关于深入实施"产业强州"战略 大力推进新型工业化的实施意见》等重要文件，研究确定能源、新能源电池及材料、基础材料及加工、特色轻工四大主导产业，明确提出"3513"发展目标，即实现能源、新能源电池及材料、基础材料及加工3个500亿产业集群，特色轻工1个300亿产业集群。

高标准推进。抢抓省"六大产业基地"建设机遇，抓好"富矿精开"，在全省率先完成工业产业"一图三清单"编制。能源、新能源电池及材

料、基础材料及加工、特色轻工产值分别完成 339.57 亿元、66.56 亿元、290.6 亿元、48.6 亿元。全州原煤产量实现 1528.3 万吨、增长 41.6%。全年发电 407.19 亿千瓦时，其中火电发电 246.9 亿千瓦时、增长 33.58%。义龙新能源电池及材料产业初具规模，登高新材料 48.88 万吨电解铝达能满产，元豪铝业 8.65 万吨电解铝建成满产。天地药业、贵州醇酒业等特色轻工企业产能释放。高效率服务。推动全州开展领导干部"入企走访"活动 2523 次，争取各类基金资金 13.15 亿元，受益项目 140 个。实现开工建设工业项目 45 个，建成投产项目 27 个。加大企业入库指导力度，全年累计完成新增入规企业 28 户，推动引进工业企业 63 家，新增产业到位资金 104.24 亿元。

二是新型城镇化取得新成效

城镇设施不断完善。推进各类设施提质扩容，全州日均无害化处理生活垃圾 1900 吨，新增运行规模 3 万吨/日，城市（县城）生活垃圾无害化处理率达 99% 以上，新增污水处理能力 3.03 万吨/日。新增供水管网 170.35 公里，城市道路总长达 1522.83 公里，改造人防工程向社会提供停车位 3000 个、新增人防面积 8.23 万平方米，新增城市公共停车位 4251 个。城镇经济不断发展。建成综合产值 100 亿元以上开发区 2 个，开发区新增就业 1200 人左右。出台实施房地产"新十八条"，59 个"保交楼"项目全部或部分完成交付 48 个、2.01 万套。新增二级资质以上建筑业企业 15 户，限额以上批、零、住、餐企业 44 户，规模以上服务业企业 15 户，"专精特新"中小企业 17 户，城镇新增就业 36887 万人。兴义智能一体化现代综合物流园等建成投用，推进特色步行街、夜间经济消费集聚区升级打造，贞丰古城获第三批国家级夜间文化和旅游消费集聚区。城镇品质不断提升。深入实施城市更新行动，完成棚户区改造 4406 套，开工老旧小区改造 6270 户、改造背街小巷 605 条。新增公园绿地 35.75 公顷，改造公园绿地 8.17 公顷，推进建设小微公园 6 个，新增绿道 25.04 公里、林荫路 16.16 公里。

三是农业现代化打开新局面

做强品种。完成《黔西南州推进农业农村现代化规划（2022—2025

年)》等规划编制，深入推进种业振兴行动，建设优质良种繁育基地，册亨选育的3个油茶品种通过省级认定，实现油茶本地良种"零"突破。推进"十大特色产业"发展，建成高标准农田16.11万亩，完成粮食播种面积310.4万亩、产量82.95万吨，万峰林水稻高产示范基地连续5年创全省单产新纪录。做优品质。全面发展农产品加工业，农产品加工转化率达58%以上。实施粮食高产高效增收行动和蔬菜、茶叶、精品水果、生态畜禽等特色产业提质增效促增收行动，投入农机具约19万台（套），完成机耕整地面积484.66万亩，机播面积25万亩，机收面积130.58万亩，主要农作物耕种收综合机械化率达52%以上。积极培育新型农业经营主体，累计培育州级以上龙头企业481家，培育农民合作社4142个。做响品牌。利用好《黔西南州品牌奖励管理办法（修订本)》，推进农产品"三品一标"四大行动。发布"贵州菜心"系列标准，新增29个绿色食品认证产品、5个农产品纳入"全国名特优新农产品"名录，"兴仁薏仁米""贞丰顶坛花椒"纳入中国地理标志农产品百强榜单。持续开展"贵州绿茶"第一采，普安获"全国优质早茶核心产区"称号。

四是旅游产业化开辟新路径

精深挖掘资源。用好不冷不热的气温优势、不干不湿的空气优势、不强不弱的紫外线优势，持续擦亮"中国四季康养之都"品牌。万峰林景区列入5A级旅游景区创建单位，新增国家4A级旅游景区2个、省级旅游度假区1个，获批全省乡村旅游重点镇2个、重点村9个，盘活闲置低效旅游项目4个，义龙云屯沐云温泉等康养旅游项目投入运营。用好民俗文化、加油文化和红色文化，打造万峰湖野钓、二十四道拐汽车拉力赛等十大户外运动基地，推出楼纳村等125个精品旅游村寨，册亨"中华布依文化年"入选乡村振兴节庆品牌影响力百强榜。

精准拓展客源。全力建设"康养胜地、人文兴义"，成功举办2023国际山地旅游暨户外运动大会，21个国家和地区重要嘉宾出席；成功举办警察马拉松、万峰林马拉松等全国性、行业性路跑活动40余场，累计参与人数达7万人次。接待国内游客4248.89万人次、实现旅游总收入412.14亿元，游客人均花费增长6.69%、接待过夜游客664.14万人次，均恢复至2019年同期水平以上。精细做好服务。新增旅游市场主体3595家，承办全省民宿产业招商推介会，新增等级以上民宿23家。兴义5家民宿入选2023年"多彩山居·醉美心宿"贵州十佳民宿，培训文旅行业从业人员1万余人次。深入推进行之顺心、住之安心、食之爽心、游之舒心、购之称心、娱之开心"六心行动"，加快智慧景区建设，全力提升旅游服务精细化水平。

二、2023年特色亮点展示台

案例一

做强铝产业　扩大"朋友圈"

登高新材料公司生产车间现场（图源：登高新材料公司）

2023年，贵州兴仁登高新材料有限公司（以下简称登高新材料公司）共生产电解铝液约45万吨，创造产值超过71亿元，同比增长29%；贵州元豪铝业有限公司实现产值12.39亿元。一组组数据反映的是2023年黔西南州铝及铝加工产业亮丽的成绩单，折射的是黔西南州铝产业发展的良好态势。

一是坚持规模化发展。黔西南州依托产业基础、资源禀赋和比较优势，以加快建设兴仁市煤电铝一体化产业基地和黔西南州高新区煤电铝一体化资源深加工基地为抓手，进一步做大铝及铝加工产业规模。积极通过产能置换方式取得56.85万吨电解铝产能，占全省总产能的32.15%，居全省第一。目前，全州56.85万吨电解铝产能已全部建成。作为黔西南州铝产业的领军企业，成立于2016年5月的登高新材料公司，始终保持稳定增长的发展态势，2020年完成产值30.6亿元、2021年完成产值39.9亿元、2022年完成产值57.7亿元。2023年，公司完成产量44.78万吨，实现产值71亿元，缴纳税款约1亿元，带动就业1200余人。

二是坚持集群化推进。依托资源优势和产业基础，积极在延链补链强链上下功夫，积极引进铝上下游产业项目，推动铝精深加工向交通铝、铝家居、铝户外用品、军工铝、高精铝五大方向聚集发展，兴仁市铝及铝加工产业集群入列2023年度贵州省中小企业特色产业集群名录。截至目前，全州共有铝产业上下游企业14家，2020—2023年，全州铝系产业产值逐年增加，2020年完成产值68.7亿元、2021年完成产值116.4亿元、2022年完成产值132.2亿元，2023年完成产值151.2亿元，增速33.6%。

三是坚持绿色化提升。按照争创绿色标杆，推进绿色发展，引导企业加大提标改造力度，培训能效、水效"领跑者"，强化示范带动，充分利用东西部优势互补，以广东、贵州东西部协作为依托，引进再生铝企业，让废铝再生。2023年以来，成功培育新增铝及铝加工规上企业3家，兴仁登高等重点企业获评2023年省级"专精特新"企业、2023年度贵州省"绿色工厂"称号。

案例二

小茶叶　大文章

2024年1月1日，全国早茶大会暨2024年"贵州绿茶"第一采活动在"全国优质早茶核心产区"——黔西南布依族苗族自治州普安县举行。这是我州连续3年举办该项活动，同时也是我州多年来茶产业高质量发展的一个缩影。黔西南州属低纬度、高海拔、无霜期长的山区，是贵州重要的茶叶产区之一。2023年，黔西南州依托得天独厚的气候、生态和人文资源优势，聚焦"康养胜地、人文兴义"城市定位，打好"早茶"这张牌，加强品牌塑造，讲好茶故事、弘扬茶文化、拓展茶销路，茶产业高质量发展取得明显成效。

2024年"贵州绿茶"第一采活动现场（图源：《黔西南日报》）

一是抓规划引领、促基地建设。茶叶产业作为黔西南州重点打造的十大特色优势产业，也是促进乡村振兴的重点产业。始终按照"统一规划、合理布局、相对集中、分布实施"原则，以普安县、晴隆县、贞丰县等为重点区域，加快推进高效、标准、有机茶园建设，茶园规模越来越大、发展势头越来越强。截至2023年底，全州茶叶种植面积62.04万亩，投产面积41.39万亩，产量2.31万吨，产值34.47亿元，惠及农户4.2万户。

黔西南州近年增长对比

年 份	2020年	2021年	2022年	2023年
种植面积（万亩）	49.36	59.23	60.13	62.04
投产面积（万亩）	29.81	37.78	39.01	41.39
产值（亿元）	19.87	25.17	29.61	34.47

二是抓主体培育、促品牌提升。坚持"外引内培"相结合，集中资源

培育壮大普安县宏鑫茶业、富洪茶叶、贵安茶业、晴隆县茶业公司等本地龙头茶企成立普安红集团，以集团公司为统揽、抱团发展；对外，引进金恪集团、习普科技、贵州普福茶叶公司等实力茶企，带动本土茶企提升产品加工工艺，带动市场销售。截至目前，全州现有本地龙头茶企业65家，引进外企6家，比2023年增加3家。

三是抓市场拓展、促黔茶出山。 积极以茶事活动为载体，持续提升黔茶品牌影响力，先后举办"贵州绿茶"第一采、"观峰林美景、享康养胜地、品干净黔茶"、第二届贵州（晴隆）早春茶全国采购商大会等系列活动，邀请省内外知名茶叶专家、茶企等汇聚黔西南州，共谋黔西南州茶叶发展之道，还通过网络主播带货，现场采茶制茶等，增加"早茶"品牌宣传广度，提升品牌知名度，活动当日共计成交订货签约、战略合作签约总额3880万元。此外，先后赴山东济南、黑龙江哈尔滨开展茶产业专场招商引资推介，积极组织茶企到浙江宁波、内蒙古呼和浩特等地参加茶产业展销会，拓宽茶叶销售市场。

案例三

打造"万马"品牌 引爆旅客"流量"

丰富和拓展旅游业态，是构建旅游产业链的关键，它能引来旅客"流量"，推动旅游产业化的形成。黔西南州在推进旅游产业化、建设兴义万峰林5A级景区中，聚焦景区新业态培育，立足景区自然资源条件，着力打造万峰林马拉松为引领的"万马"路跑品牌，切实增加景区旅客"流量"，有效地激活了景区其他业态的发展。

一是着力整合"路跑"资源。 兴义万峰林景区是以山地喀斯特峰林田园风光为主要特色的国家4A级景区，与万峰林街道办10多个民族村寨融为一体，景区与村寨、村寨与村寨之间村道纵横交错，纳灰河由西向东蜿蜒流淌，为景区的业态培育提供了优越的自然条件。黔西南州在万峰林国家5A级景区创建中，针对景区业态单一、资源聚集力弱等问题，充分发挥纳灰河畔的乡村道路适宜发展路跑业态的优势，优化景区乡村路网布局，以"路跑"为主业态，配套完善"路跑"设施及餐饮、休闲、健身、

2023 石峰林半程马拉松赛活动现场（图源：《黔西南日报》）

康养、文化等相关业态，沿纳灰河规划建成了21公里滨河经济长廊，将贵州醇酒厂景区与万峰林景区沿途分散的自然景观、民族文化、餐饮民宿等旅游文化资源串联起来，促进了旅游业态聚集发展。

二是精心打造"万马"品牌。 万峰林风光优美、气候宜人，一年四季适应举办户外赛事，加之建成的21公里滨河长廊，正好是半程马拉松的长度。为此，黔西南州精心谋划，标准化、高端化举办系列"马拉松"赛事，着力打造"万峰林马拉松"（简称"万马"）品牌，引领"路跑"业态发展。以2023国际山地旅游暨户外运动大会为契机，成功举办了"青春加油·万峰林半程马拉松体验赛""媒体领跑·万峰竞秀半程马拉松体验赛"和2023万峰林半程马拉松赛主体赛。9月10日举办的2023万峰林半程马拉松赛，吸引了来自埃塞俄比亚、粤、鲁、渝、云等国内外各地的跑友前来参赛，参赛人数10008人，外籍和州外跑友4660人，占46.56%。贵州卫视等多家媒体对赛事进行了滚动直播，央广网、新华网、快手等40余个网络平台转播，全网点击量达4.2亿次。2024年1月14日举办的2024年万峰林警察半程马拉松赛规模约3500人，进一步提升了"万马"

品牌知名度；3月3日举办2024万峰林马拉松全马赛事，赛事规模约2万人，掀起了万峰林马拉松新高潮，进一步擦亮了"万马"品牌。

三是着力拓展"路跑"业态。黔西南州在精心举办1场全程马拉松、3场半程马拉松的基础上，立足万峰林的地理气候优势及举办赛事的经验，适时举办"行业跑""主题跑""节日跑"等"N系列"赛事活动，形成了季季有赛事、周周有活动的"1+3+N"路跑模式。先后举办了2023年中国农民丰收节万峰成林处千人丰收跑、2023万峰林"健康同行·欢度国庆"全民健康跑、2023年"开路先锋·砥砺前行"万峰林欢乐跑等各种主题路跑赛事活动，吸引了媒体记者、教师、医生、警察、消防员、农民等及各行业人群，大众参与路跑的积极性越来越高，2023年依托万峰林马拉松赛道，举办了40余场路跑活动，累计参赛人数6万余人次，助推了"路跑运动+医疗康养"融合发展，引爆了万峰林景区旅客"流量"，2023年万峰林景区接待游客274.14万人次，同比增长206.33%，综合收入4.7亿元，同比增长389.58%。

案例四

写好后半篇文章　万峰湖生态生金

万峰湖是全国五大淡水湖之一，也是"珠三角"重要水源供给地。因湖面网箱养殖泛滥，水源严重污染，曾被中央环保督察通报。黔西南州切实抓好问题整治，在率先全面拆除万峰湖网箱养鱼基础上，着力写好整治"后半篇"文章，推动生态文明建设出新绩。

一是写好转产上岸文章。万峰湖在黔西南州有300多公里的湖岸线，湖岸线上有近10万亩荒山荒坡，海拔均在1000米以下，由于库区后靠移民开垦种植低效农作物，水土流失严重，不利于万峰湖的生态环境保护。黔西南州一方面实施万峰湖清网行动，拆除湖面养鱼网箱300多万平方米。另一方面跳出"就生态搞生态、就治理搞治理"的传统思维模式，充分发挥湖畔低海拔亚热带气候优势，找准生态建设与产业发展的结合点，在湖岸线上规划建设杧果、柠檬柑橘、澳洲坚果、土芭蕉、五星枇杷"五个一万亩"果业基地，采取"公司+基地+合作社+农户"的生产经营方式，大

石峰湖全景（图源：《黔西南日报》）

力发展既有生态效益又有经济价值的生态果业，库区移民退出网箱养鱼后，上岸发展"五个一万亩"生态果业，形成了百里环湖生态果业带。

二是写好湖水业态文章。 万峰湖是全国五大淡水湖之一，实施万峰湖生态治理后，是旅游度假、休闲垂钓的理想之地。黔西南州在推进万峰湖治理中，切实用好万峰湖湖水资源，大力培育沿湖垂钓、游湖观光、水上运动等涉水业态。建成环湖公路80公里，将码头、钓台、库湾、村寨、果业基地、周边景点等连接起来，拓展了万峰湖旅游发展空间；沿湖建成了云湖湾野钓乐园、阿哩大江野钓基地、阿哩罗伯钓场等11个野钓基地，被钓友称为"野钓天堂""垂钓乐园"。开发建成了润龙湾水上世界项目，推出了帆船、快艇、摩托艇、山地潜水、水上飞人等水上娱乐项目，拓展了水上运动业态发展空间，促进了涉水产业的健康发展。

三是写好源头治理文章。 河湖治理是一项系统工程，黔西南州在拆除万峰湖网箱养鱼后，把工作重点放在强化源头治理上。对州域内所有入河排污口实行"拉网式"排查、"全覆盖"整治，全面开展了清网、清源、清岸、清违"四清"行动，同时建成62座城镇污水处理厂及6个产业园区污水集中处理设施，城镇污水处理率达到93.8%，从源头治理污染物流入南盘江及万峰湖。在管理上，实施"智慧码头"管控，建立船舶与港口污染物接收转运及处置监管联单制度和水污染防治联合监管机制，守住万峰湖"畅通、水清、岸绿、景美"生态环境。

全力写好治理后半篇文章，巩固提升了万峰湖治理成效，湖水长期整体保持Ⅲ类水质。"旅游+"多产业融合带动了游轮观光、野外垂钓、水上运动、民宿餐饮等业态发展，年接待游客450万人次以上，成为旅游发展的增长点。湖岸"五个一万亩"生态果业已发展到7万余亩，成为湖区可持续发展的产业支撑，真正践行了"绿水金山就是金山银山"的绿色发展理念。

课题组名单：

岑大明　黔西南州社科联党组书记、主席
左　虎　黔西南州政府办公室秘书五科科长
谭　勇　《黔西南州政府公报》编辑室主任